For Entrepreneurs Only

Success Strategies for
Anyone Starting or Growing a Business

起業家の本質

ウィルソン・ハーレル＝著
Wilson Harrell

板庇 明＝訳
Akeru Itabisashi

西川 潔＝解説
Kiyoshi Nishikawa

EIJI PRESS

FOR ENTREPRENEURS ONLY

Success Strategies for Anyone Starting or Growing a Business

by

Wilson Harrell

解説——社会が求める「本当の起業家」とは？

ネットエイジグループ　創業者　西川　潔

本書の著者は、インク誌の元発行人である。インク誌は、「急成長企業を経営する起業家のための雑誌」だ。彼は、会社の絶対サイズに関係なく、会社を急成長させる意志を持つ人たちを手助けしようと考えてインクを創刊したという。しかも、それは空理空論ではなく、実際彼は、インク創刊前に、別のビジネスを急成長させた経験を持っていたのだから、説得力がある。

彼の目論見はあたり、インク誌は多くのベンチャー経営者の読者を獲得。有力経済雑誌の一つとして現在も繁栄している。その編集人として数千名に及ぶ起業家たちの興亡を長年にわたってつぶさに見てきた彼ほど、「起業家の本質」を見極めた人物はいないだろう。

本書の原題は『For Entrepreneurs Only』である。意味するところは、「起業家以外、読むべからず」とでも言おうか。まさに、起業家ならではの、喜びと悲しみ、希望と悩み、期待と不安の実相が、各ページに横溢《おういつ》している。「こういう醍醐味は起業家以外の人にはわかるまい」という不遜ともとれる題名である。

実際、私も起業家の端くれとして、ページをめくるごとに、おおいに納得させられ、また、そういう考えもあったのかと勉強させられることだらけだ。本書はビジネスの面のみならず、家族といかに折りあうか、自分の子供を起業家にするにはどうしたらいいかまで広範なトピックをカバーしている。まさに、起業家および起業家志望者にとって、必携の本と言えよう。

個人的に、なかでも特に面白かったのが、起業家狩猟民説（四四ページ）と、海賊説（四九ページ）だ。もっとも、「日本人は狩猟民族のＤＮＡが足りないので起業家は育たない」、と断言されたのには、ちょっと異議を唱えたいが。

実は二〇〇五年春に、私は『起業は楽しい！』（日経ＢＰ社）と題する本を書いた。そこで、日本の起業家志望者に、ライフスタイルも含めて起業家とは何かというものを私なりに開陳してみた。その意味では、本書のテーマとかなりかぶるものがある。

日本の起業家を取り巻く環境、そして、起業家に対する世間一般からの認識はこの五年でおおいに変貌した。そのあたりを活写し、起業家ライフをご存知ない人々に、起業家ワールドを垣間見ていただき、願わくば、起業家志望者を増加させようというのがその本の目的であった。

なぜなら、まだまだ日本には起業家が足りないから、である。

そう書くと、疑問を呈される読者もおられるだろう。今や空前の起業ブームではないか、猫も杓子《しゃくし》も起業、起業と言っているではないかと。

たしかに、日本政府も国をあげて大きく起業を後押しし、資本金一円でも株式会社が創れるようになった。新興株式市場の創設のおかげで、創業からわずか三年でＩＰＯ（株式公開）が実現しているという現実もある。

しかし、である。私が足りないと言っているのは、「本格的」起業家のことだ。「ナンチャッテ」起業家はもういらない。本格的起業家が足りないのだ。

本当に日本経済を牽引する可能性のあるビジネスを生み出す起業家、その人は社会の宝と言ってもいい。彼（彼女）は、大きな構想を持ち、私利私欲を超越し、大量の雇用や取引を生み出し、世界に進出し、世の中に絶大なインパクトを持つ存在になるのだ。一言でいえば、メガベンチャー志向の起業家だ。

実際、ブームというが、では果たして今、日本に起業家は何人いるのだろうか？

それを知るには、そもそも起業家の定義をしなければならない。起業家と呼べる最低ラインの基準は何か？　また、そのなかで、「本当の」「本格的な」起業家とは何か？

この問いは意外と奥が深い。統一見解は存在していない。「日本にベンチャー企業は何社あるか？」という問いに答える国の経済統計もない。実際、国としては、中小企業庁というのが管轄になるのだが、一〇〇年一日のごとき変化のない小規模同族会社も、急成長するベンチャー企業も同一にくくり、両方面倒見ようという、無理な役所だ。

では、起業家向け雑誌『インク』編集長として数千人の起業家を見てきた本書の著者はどう定義しているか？

「わが国（米国）では、エイボンレディから個人タクシー運転手までが起業家を自称する。しかし、真の起業家なら、仮に創業したてで、売上がまだゼロに近くても、社員が三人しかいなくても、その思考パターンや頭の中身は、ローカルなピザ屋のオーナーより、ゼネラルモーターズの社長のほうに近い」

要するに、つねに急成長を志向し、現時点での身の丈にくらべ、「誇大妄想」と呼べるほど大きいことを、真顔で考えられる人。自社を少しでも早く大きくしようとして、粉骨砕身の努力をいとわぬ人。それが真の起業家だというのが、著者の定義だ。

起業家の経営する会社の特質は、変化率の激しさである。絶対サイズではなく、成長ベクトルの角度だ。

そして、つねに米国経済を引っ張ってきた、またこれからも引っ張っていくのは起業家だと、起業家の重要性を強調してやまない。実際、最近四年間に米国で生み出された雇用の八七％は、数の上ではたった五％の起業家的急成長企業から生まれており、その六七％は従業員が二〇人以下のベンチャーである、という統計があるという。また、企業間取引でもかなり大きな部分を急成長ベンチャーが占め、自らが「買い手」になって、B2Bマーケットを引っ張っているのだという。要するに、無数の起業家たちの存在は、米国経済の牽引車なのだ。

ひるがえってわが国はどうか？

日本における起業経済の分水嶺はいくつかあったが、その最も最近のエポックは、九九年から二〇〇〇年にかけての、「IPOビックバン」だ。この用語は筆者の造語だが、意味するところは明確だろう。つまり、マザーズ、ナスダックジャパンの二つのベンチャー企業向け株式市場が創設され、それまでは考えられなかったベンチャー上場のスタイルが始まった年だ。IP

〇のハードルを大幅に低減させたこのインパクトは非常に大きく、ベンチャーキャピタルから未公開ベンチャーへの資金投入が急増した。その結果、多くのユニークな企業が創業後わずか数年で上場し、それぞれに発展を試みている。

いわば、米国経済がナスダックを通して二〇年かかって創り上げたベンチャーエコノミーの骨格をいきなり日本に持ってきたのである。(しかもそれは国の政策ではなく、ソフトバンクの孫社長という一人の起業家の努力によって実現したのだ!)

「仏つくって魂いれず」ということわざがあるが、さすがに、急激すぎたベンチャー市場整備は、その反動でさまざまな不祥事も頻発させ、問題がないとは言えなかった。その頂点に発生したのが二〇〇六年春のライブドアショックである。ライブドアショックは、時価総額至上主義がもたらした悲劇だ。実際、日本も米国も同じで、本書にも、「起業家は、未上場時代は、自社の顧客の満足・製品の向上のことばかり寝ても醒《さ》めても考える。しかし、上場すると、一部の起業家は株価のことばかりを考えるようになる、これは真の起業家ではない」と嘆いている。(二二七〜二二八ページ)

これに関連して、本書にこんな一節もある。「私には夢があります。前月比や前年比で見た今月の収益が会社の評価のすべてではない、といつの日かこの国にもわかるときが来る、という夢です！」このくだりを読んだときは思わず苦笑してしまった（八三ページ）。いうまでもなく、これは有名なキング牧師の黒人差別をなくすことを訴えた演説「I have a dream!」のパロディである。実際、株式アナリストと対峙する起業家の悩みはいつも「前年当月比」をいかにプラスにするか、なのだ。

「起業家革命は米国経済を牽引する」という本書の強い主張は、そのままわが国にも当てはまる。幸いライブドアショック後も、起業家志望者はそれほど減っていないようである。このショックを乗り越え、わが国でもさらに起業経済が興隆していくことは間違いないと、私は楽観している。なぜなら、まずは先述のＩＰＯビックバンをはじめ、起業をめぐる基盤が信じられないくらい整ったから。そして、数多くの先輩起業家たちのドラマチックな人生を見て、起業家人生の素晴らしさに目覚めた多くの有能な若者が、起業家への門をたたく列に連綿とつづいていくであろうから……。

本書は、そうした有為な若者の良き水先案内人となるであろう。

起業家の本質——目次

Part 1

起業家の本質

Part 2

旅を始める

Part 3

夢を成長させる

Part 4

危機を管理する

Part 5

起業家の創出

Part 6

未来の起業家へ

Part 1

起業家の本質

起業家だけが知る恐怖

若い方であろうと年輩の方であろうと、これから初めて会社を創ろうという読者にお話したいと思います。

会社を設立すると、あなたは極めて特殊なクラブに所属することになります。自動的に加入が決まり、入会を申し込む必要もありません。会員資格は無期限に有効です。みなさん、恐怖のクラブへようこそ。

私自身ずっとこのクラブのメンバーであり、その恐怖を知ってからおよそ三五年にもなろうとしています。ここで味わう恐怖は、これまでにあなたが経験したことのない恐怖であると明言できます。

たとえば、心配、イライラ、不安といったありきたりの感情に煩《わずら》わされることは、もはやありません。そういう感情は今やあなたの心配事のうちではとるに足らないものです。子供がおもちゃを片づけるのと同じように脇にどけておけば結構です。今日からあなたは、神が、というよりネメシス★が起業家のためだけに特別に創造した感情のとりこになるのです。

創業前は、この恐怖を誰も予測しません。恐怖とは起業家が予期したり、逃れたりすることができないもので、それに対して備える術はないのです。大学の講座にも「恐怖への対処の仕方」という科目はありません。また恐怖に耐えるためのオン・ザ・ジョブ・トレーニングもありません。

私の知るかぎりこの恐怖について書かれたものはなく、ごく少数の人が語っているだけです。起業家につきまとう恐怖を経験した私たちのなかでも、その恐怖を認めるのはごく限られた人だけだというのが本当のところでしょう。その結果、この恐怖はずっと、その当事者にしか知られることがなかったのです。

実際、恐怖は厚い秘密のベールに包まれているので、経験した人たちは皆、自分だけが感じるものだと思ってしまいます。無理もありません。起業家とは、定義から言って、何ごとをも恐れずにリスクを負う人なのですから。ところが、実は違うのです。恐怖はいつもいっしょについてきて、私たち一人一人をひどく脅えさせます。私の言うことを信じられないのなら、ち

★ネメシス
因果応報、復讐の女神。

ょっと試してごらんなさい。

今度仲間の起業家に出会ったら、若者でも老人でも、背の高い人でも低い人でも、男でも女でも、とにかく聞いてみるといいでしょう。「それで、あなたはどうやって恐怖とつきあっているのですか?」と。相手はたぶん驚いたり、ショックを受けた様子さえ見せるでしょう。でも、相手の瞳の奥深くを見つめると、あなたが仲間だと気づいて安心している様子がうかがえるでしょう。そして、相手がこの恐怖というモンスターをうまく操っている場合には、さらに安心して、笑顔を見せたり、大声で笑ったりするでしょう。でも、もし相手の事業がうまくいっていなければ、ひょっとすると泣き出すかもしれません。一つだけ確かなのは、あなたが同じ恐怖を体験していると相手が気づくということです。

ここではっきりさせておきましょう。「恐怖」とは、単純に強烈な恐れを意味しているわけではありません。この二つはまったく違います。「恐れ」は、女の子といっしょにいてその彼氏に踏み込まれたときとか、酔っぱらい運転の車にはねられそうになったとき、突然アドレナリンがどっと噴出することです。たいてい突発的で、予想外、しかし短時間で終わります。

一方、起業家につきまとう恐怖とは己に課されるものなのです。その恐怖は、起業家でなければごく普通の人だったはずのあなたが意思決定をするときに襲ってきます。その瞬間、恐れの感覚を越えて、ところかまわず吸いつくモンスターに満ちた世界へと連れていかれるのです。この世界で安眠することは許されず、悪夢にさいなまれつづけます。この恐怖には独特の味、独特の臭い、はらわたが捻れるような独特の痛みがあります。起業家であるかぎり、その恐怖は消え去らないのです。

何がこの恐怖を引き起こすのか、そもそも何がモンスターたちに生命を吹き込むのか、私はたびたび考えてみました。金銭欲ではありません。成功した起業家なら誰でも言うように、お金は成功から生まれる副産物に過ぎず、損失とはリスクの一つに過ぎません。「失敗への恐れ」からくるのでしょうか？　しかしこの説明も起業家の恐怖を感じたことのある者にとっては不充分でしょう。

恐怖について考えれば考えるほど、恐怖とはそもそも会社設立へと私たちを導いたものと同じもの――何か根源的、なかば無意識の欲求、つまり、この世界に自分の印を記したい、自分の足跡を時の砂の上に残したい、という欲求からくるとわかってきます。思うに、本当に恐れるのは、自分たちが単なる大衆の一員となり、人々から忘れ去られてしまうことなのではないでしょうか。

恐怖がどこからやってくるにしても、一度経験しないかぎり想像することは極めて難しいものです。一九五三年に初めて会社を創設したとき、その後に何が待ち受けているか私には皆目見当がつきませんでした。ただし、強烈な恐れは何回か経験していました。第二次世界大戦中に戦闘機のパイロットとして敵陣のうしろに撃ち落とされたことです。

撃墜されてひどい火傷を負った私は、フランスのレジスタンス★に助けられました。彼らはシニカルでユニークな一計を案じ、私をドイツ兵からかくまってくれました。息ができるようにと、なんとホースを私の口に突っ込んで、トウモロコシ畑に埋めたのです。

初めて埋められたとき、私は土のなかに四時間横たわっていました。これはあらゆる悲惨な結果を想定するのに充分な時間でした。ドイツ兵が銃剣で泥を突き抜いて私を突き刺す、銃弾でハチの巣にする、偶然ホースを蹴飛ばす、最悪の場合には、蛇口を開くという想像ばかりしていました。私は一一日間埋められていました。そのあいだ、新たな好まざる友――あまりに強烈で狂い出しそうな恐怖といっしょに生き延びたのです。

★**レジスタンス**
他国による侵略や専制に対し、自由と解放を求める政治的抵抗運動。この場合は、第二次世界大戦中、ナチス・ドイツ占領下の傀儡政権に反対するフランスの愛国的抵抗組織のこと。

■――恐怖を克服する

この経験で、私は感じたことのない感覚を発見しました。それまで経験したことがないようなある種うきうきした気分でした。フランスのパルチザン兵★1が掘り出してくれたとき、自分の興奮ぶりに驚きました。天にも昇るような気分でした。恐れを克服したことがわかったからです。もちろんまだ生きていたからではあったのですが。

本国に送還されたとき、私は極限の恐怖を体験したと信じていました。たぶんそれは真実でしょう。しかし、当時はわかっていませんでしたし、想像すらしていなかったのですが、再び同じくらいひどい経験が待ちかまえる職業へと突き進んでいました。さらに将来、自らの意志で自分自身をこの拷問にさらすことになるのです。

最初の会社を始めて間もなく、真実が飲み込めてきました。私が始めたのは、ヨーロッパと中東にある軍事基地への食品委託販売業でした。クラフトフード★2という会社が私を代理人に任

★1 パルチザン兵
ゲリラ兵。

★2 クラフトフード
チーズ、加工肉、パン、シリアルなどのメーカー。九五年にマーガリン部門などをＲＪＲナビスコに売却。

命し、その直後から売上高が急に増えました。やることなすことすべてがクラフトの売上急増につながったのです。どんどん儲かり、私は舞い上がりました。

■——恐怖のとき

ある日、シカゴにあるクラフトの役員事務所を訪ねると、クラフトの社長、J・クライド・ロフティスに話しかけられました。最初の一〇分間ほど、私の販売努力を褒めちぎってくれた会話は楽しいものでした。しかし、次の二分間はそれほど楽しくはありませんでした。ドイツの軍事基地内販売を自社の販売社員に引き継がせることにした、と静かに告げられたのです。

ドイツのマーケットは私の全販売手数料の約半額に相当しました。クラフト製品を販売しているほかの地域、サウジアラビア、トルコ、そしてリビアなどでは当然、私に代理人をつづけてもらうと彼は確約しました。

私は呆然として座っていました。収入の五〇％、利潤が一〇〇％カットされようとしているのです。クラフトなしでは失業したも同然でした。私の頭のなかはすごいスピードで回転していました。何が起こったのかははっきりわかっていました。自分の身を売ったにもかかわらず、事業を失いかけているのでした。私があまりに簡単そうにやって見せてしまったので、小賢《こざか》しいバカ者が「自社の販売社員でやればもっとうまく安くできる」とクラフト経営陣を説得してしまったのです。しかしロフティス自身は疑問を持っていたのかもしれません。深呼吸して、私は言いました。

「ロフティスさん、あなたがドイツを引き継ぐというのなら、ドイツだけでなく全部をあなたに引き継いでもらうことにいたしましょう」

彼は私を見ました。私も彼を見ました。完全なる沈黙です。ペースメーカーが必要なほど息苦しい状態でした。たった今、恐怖がこのミーティングに参加してきたのです。永遠とも思われる時間が過ぎ、彼は言いました。

「本気ですか？」

私は声を出せなかったので、ただ頷くと、彼は言いました。

「あとで決定をお知らせします」

ロフティスが決断をくだすのに一カ月かかりました。三〇日間、昼夜問わず、どの瞬間もフランスのトウモロコシ畑での恐れに匹敵するほど生々しく、ぞっとする恐怖に脅えながら過ごしました。クラフトから手紙が届いたとき、私は手が震えてそれを開けることもできませんでした。秘書が読み、私は叫び声を上げました。

「よし！　やった！」

クラフトは前言を撤回したのです。その瞬間うきうきした気持ちが込み上げ、あまりの幸福感にもう少しで気絶するところでした。

その甲斐はあったのでしょうか？　もちろんです。その後三〇年経ってもまだ、私の食品委託販売会社はヨーロッパだけでなく極東地域やほかの地域でもクラフトの代理店をつづけていました。それだけでなく、それを土台としてその委託販売業が、やがて業界最大の軍事基地内の代理店網にまで発展したのです。数年前、私は四〇〇〇万ドル以上の額で会社を売却しました。

■――恐怖の報酬

起業家としての自分を確認し、起業家精神を保持してこれたのは、このエピソードのおかげだったと思います。この経験は恐怖に加えて、私に「起業家であること」の第二の秘密も教えてくれました。それは報酬です。

この満ち足りた気分は、つらかったことを吹き飛ばして余りあるとそのときわかったのです。

あの興奮は、恐怖と同じように、私たち起業家だけが味わうことのできる感情なのです。この興奮は私たちの精神にとって食糧、つまり、一つの出会いから次の出会いへとつねに前進させてくれる栄養なのです。

この状態を「中毒」と呼ぶ人たちもいます。しかし、むしろ私はジェットコースターに乗る興奮だと考えたいのです。最初のうちは、初めての傾斜面をゆっくりと上りながら、興奮と胸騒ぎが高まるなかで厳しい決定をくだします。頂上にたどり着いたとき、地獄へ落ちる予感がして、一瞬鳥肌が立ちます。そして、叫び声を上げながら未知の世界に突入するにつれ、恐怖はすべてにとって代わります。

しばらくは何回かのアップダウンに目を回すことはあっても、強烈な恐怖感以外には何も感じません。それから、突然ジェットコースターが止まり、恐怖は去ってうきうきした気分だけが残ります。そのときが二回目のチケットを買うときです。まぁ、ともかくも初体験は最悪だとわかりました。恐怖を操る方法をある程度は学んだので、それ以降は、多少勢いは緩和されます。もっと大きなジェットコースターを見つけなければの話ですが。

大切なのは、一度目を通過することです。現在通過中の起業家もいるでしょう。我慢の限界を超えていると感じても、決して慌てないでください。恐怖をありのまま認識し、慣れてしまいなさい。どうせその恐怖は一生のあいだあなたといっしょなのですから。恐怖を睨みつけて唾を吐きかけてやりなさい。そうしなければ、少なくとも今回あなたはクラブに参加できないでしょう。もちろん参加回数に制限はありませんが。

さて、恐怖に対処し、その恐怖を心から追い出す秘訣を私は一つもお話ししていないことに気がつきました。残念なことにお教えできるような現実的な解決法は何一つありません。役立つと思われる唯一の方法は、あらゆる罵詈雑言《ばりぞうごん》で悪態をつきながら一人で車に乗って走り回ることです。あなたが汚い言葉を知らなければ、手紙をください。リストにして送ってあげましょう。それから一日くらいスケジュールを空けておいてください。全部言い終わるまでそのくらいの時間はかかるでしょうから。

■——恐怖は一人で抱えること

悪態はさておき、二、三忠告をさせてください。

第一に、決して恐怖の感情を友人と分かちあおうとはしないこと。つまるところ、他人はジェットコースターに乗ったことはないでしょうし、クラブのメンバーでもないでしょうから、あなたが説明する感情をうまく処理できない場合が多いでしょう。

さらに言えば、友人と恐怖を共有することは、結果的に見てうまくいかなかった場合に、その共同責任を負うよう強要することになるのです。それはクラブのルールに反します。起業家にふさわしくない行為です。そういうことは恐怖の分かちあいが構造的に組み込まれている大企業に任せなさい。彼らはそれを「委員会」あるいは「社長室」と呼んでいます。

そして何よりも、恐怖を家に持って帰らないこと。どんなに強い誘惑に駆られても、いかなる場合でも、愛する家族と恐怖をともにしてはいけません。たまたまその人が会社のパートナーであれば話は別ですが、相手を落胆させるだけですし、相手の気を悪くするかもしれません。家族は起業家といっしょに生活しているというだけで充分我慢しているのです。

しかし愛する人とともにすることができ、またそうすべきことがあります。うきうきした気持ちは、ぜひ家に持ち帰ってください。

ちょっとクラフトの話に戻ってみましょう。妻はあのエピソードをずっと覚えていることでしょう。というのは、返事を待っていた三〇日のあいだ、あまりに惨めだったからではありません。そのあとの出来事のためです。

当時私たちはドイツのフランクフルトに住んでいました。クラフトからのよい便りを受け取るやいなや、私は妻に電話してデートに誘いました。お祝いの日、彼女をフランクフルト空港に連れていくと飛行機でパリまで飛びました。ヨーロッパ一高いと評判の洗練された超高級レストランに予約を入れておいたのです。六〇年物のワインを注文することから食事が始まり、しめて五〇〇〇ドルほどかかりました。レストランの主人は部屋中の明かりをしぼり、うやうやしくワインを注いでくれました。

ワインの味は忘れましたが、私を見つめる妻の様子は忘れることができません。夕食は三日つづきました。私たちは幸福を分かちあったのです。

■――あなたは一人ではない

ひとたび恐怖を征服してしまえば、あなたは独特の幸福感を得るでしょう。そのあいだに、少なくとも一人ではないことに気づくべきです。一人で孤独感にさいなまれる必要はありません。まったく同じ恐怖というモンスターと生きている私たちがここにいるのです。

恐怖というものが、いつ、どこで、誰が始めるビジネスにも必要不可欠な一要素だとわかってしまえば、少し安心できます。ということは、今あるどの会社にも、会社から利益を得るすべての人たちのために恐怖の十字架を背負っている気の毒な人がいるということです。クラフト氏[★1]、ピルズバリー氏[★2]、フォード氏[★3]、どんな名前であろうと、彼らは全員悪魔と握手をしてクラブに参加したのです。

　恐怖を操る能力、恐怖とともに生きる能力は、起業家が成功するために唯一の最も重要な能力であり、必要な要素であるというのが私の信念です。そして退屈で平凡な世界に生命と興奮を吹き込むのも、恐怖をたずさえた孤独な起業家だと信じています。そういった意味で、恐怖のクラブはかなり厳選されたメンバーのためのクラブなのです。ようこそおいでになりました。

★1 クラフト
クラフトフーズ社の創業者。

★2 ピルズバリー
ピルズバリー社の創業者。

★3 フォード
一八六三年生、一九四七年没。フォード社の創業者で自動車王と呼ばれる。一九〇七年にT型フォードを発売、大量生産方式で大成功を収める。

社会を変革する人々――第三のマーケット

過去二〇年のあいだ、多くの男女が起業家特有の恐怖と背中あわせに生きることを学んだ結果、アメリカでは起業家精神が急激に台頭し、歴史上、比類なき経済革命を引き起こしました。まったく新しいマーケットが創造されたのです。それは起業家マーケットです。これを私は「第三のマーケット」と呼んでいます。

このマーケットを構成する人々はユニークで、その特質や考え方は経済界のほかのどんな人々とも異なっています。彼らは大企業のCEO（最高経営責任者）のようには考えませんし、小規模企業の経営者とも思考のうえではまったく異なった世界に住む、新しい種族なのです。世のなかはがらりと変わるでしょう。

がちがちに規制された経済の世界にこの第三のマーケットが否応なしに割り込んできたために、信じ難いほどの混乱が生まれました。第三のマーケットは、大企業の戦略的マーケティングを時代遅れにしてしまったのです。ほとんどの広告キャンペーンはこの巨大な購買層を意図的に無視してきました。販売計画も市場で最も活気のある部分を回避していたのです。政府は最も雇用を生み出すグループを軽視しました。当局は景気対策法を制定しました。

結果は？ 経済の混乱です。もし第三のマーケットが認知されていれば、もし起業家たちが保護を与えられ抑圧されることがなかったなら、景気の後退は決してありえなかったと言えます。悲しいことですが、これが真実であり、このシナリオは現在もつづいています。

そしてまた成長もつづいています。第三のマーケットに属するＣＥＯだけで構成されている全国組織、成長企業協議会[★1]のメンバーの最近の調査では、起業家の七九％が今後二年間で会社の販売が四〇％、雇用数が三九％増えることを期待していると答えています。数年前の数字よりはずっと下回っていますが、景気後退や低成長だとはとても思えません。

★1 成長企業協議会
詳しくは二六〇ページ参照。

■――起業家はどこにいる？

第三のマーケットが気づかれないままいるというのは、何ら驚くべきことではありません。これらの急成長企業を経営している起業家たちは仕事中毒です。一週間の平均勤務時間が七五～八〇時間。アメリカ一連絡をとるのが難しい人たちであるのは疑う余地がありません。

営業担当とおしゃべりしたり、電話をしたり、あるいは最新のジョークを聞いたりする時間はありません。雑誌もあまり読みません。くだらないダイレクトメールを回してくるような秘書はクビにします。ビジネス界のどの人たちよりテレビを見ません。ニュースやラッシュ・リンボー・ショー★2のほかラジオもほとんど聞きません。会社を大きくするという執着心の邪魔になるので、各種団体やボランティア活動に参加したりなど一切しません。自分の子供の学芸会やリトルリーグの試合を見にいくことさえまれに恵まれる贅沢です。休暇をキャンセルしたり夕食のデートの約束を破ったりすることは日常茶飯事なのです。孤独や気が変になりそうな恐怖がつねについて回ります。

★2 ラッシュ・リンボー・ショー
八八年から全米の四八〇のラジオ局で放送されている人気番組。ラッシュ・リンボーは司会者の名前。

■——起業家は国を変える

起業家を見つけ出すことが大変であるばかりでなく、起業家に売ることも輪をかけて大変です。起業家が求めているのは解決策であって、ノルマを達成するために品物を売りつけようとする愚かなセールスマンなんかではありません。

こういったことを知ると、圧倒されてしまうでしょうか。全起業家マーケット——私たち一〇〇万人全員——が通常のマーケティング計画から除外されているのです。

私たちはわずかの成果を目標にしている小さい会社と単にいっしょにされてしまったのです。急成長企業を経営している起業家は、自分たちのことを小さいとは思っていないのです。事実、第三のマーケットのCEOたちの思考様式は、街のピザ屋のオーナーよりゼネラル・モーターズ[★1]の社長に近いということを調査が示しています。

私たちを小さいと考えることは、確実に重要な市場を軽視しつづけることになります。これはほとんどの大会社が過去一〇年やってきた

★1 ゼネラル・モーターズ
世界最大の自動車メーカー。シボレー、ポンティアック、キャデラック、ビューイックなどのブランドを持つ。

ことです。ちなみに、軽視したというのは政府が私たちに一貫して行ってきた対応を控えめに表現しているだけです。私はそのことを言い表す強烈な言葉を知っています。どれも文字にはできませんが。

注意深く耳を澄ますと、こうした会社が続々と足音を立てはじめているのが聞こえます。ＩＢＭ★2やＡＴ＆Ｔ★3、アーンスト＆ヤング★4、プライスウォーターハウス★5、メリルリンチ★6のような組織のある少数の経営陣はすでに光明を見出しました。ほかの人たちもあとにつづくでしょう。

今後一〇年間にわたって、第三のマーケットを目指したアメリカ株式会社が爆発的に活発になることを私は予見します。諸手をあげて歓迎しようではありませんか。しかし自分たちの時間やお金、努力のすべてを費やして互いを売り買いしつづけている恐竜たちを、さっさと厄介払いしてせいせいしましょう。ちなみに、同じことがたいていの政治家にも、彼らをかついでいる奴らにも当てはまります。

★2 IBM
超大型機からパソコンまで手掛ける世界最大のコンピューターメーカー。

★3 AT&T
全米最大の電気通信会社。アメリカ国内の長距離通信と国際通信が中心。

★4 アーンスト&ヤング
アメリカの会計監査・コンサルティング会社。

★5 プライスウォーターハウス
アメリカの会計監査・コンサルティング会社。

★6 メリルリンチ
全米最大の証券会社メリルリンチ・ピアース・フェナー&スミスほかの持ち株会社。

起業家革命

第三のマーケットの発見は、アメリカ経済に記念碑的な衝撃を与えるでしょう。ほかのあらゆる経済革命とともに起業家革命もしかるべき地位を獲得するはずです。その市場がどのように発見されたかについては、興味深い話があります。

■――第三のマーケットが発見される

一九八七年七月に私が『インク』★の発行人となったとき、マーケティングスタッフは「ヤンケロビッチ クランシー&シュルマン」という評判の大手リサーチ会社との契約の最終段階に入っていました。その目的はアメリカ株式会社を調査して、『インク』の編集内容をどうすれ

★『インク』
成長企業ビジネス専門誌。未公開の急成長企業を成長率でランキングした「インク500」を発表する。

ば、全体マーケットに合致させられるかを判断するためです。とりわけ、毎年、税務申告書を提出している二〇〇〇万の企業のうち、急成長している会社がどのくらいあるのか、また彼らの購買力についても知りたいと思っていました。

調査が終わったとき、いくつかの驚くべき事実が明らかになりました。年平均一五％かそれ以上の率で成長している会社は約一四〇万社くらいあります。その数は意外にも少なかったのですが、私たちを驚かせたのは彼らの購買力でした。得られた数字を分析してみると、GNP統計の企業間取引のうち、なんと四四％が彼らのものだと考えられました。つまり、コンピューター、電話、自動車など企業が購入しているもの全部を合わせた額の四四％を、急成長企業という比較的小さなグループが買っているということです。

大企業——当時七五〇〇社が年間一億ドル以上の売上高を誇っていました——が全企業間売上高の四八％を占めていたことはすでにわかっていました。急成長している一四〇万社のうちのいくらかは大企業に属しているのでこの数はかなり重複しています。しかし、そのことを抜きにしても目を見張る数字があります。起業家と大企業が企業向け全製品・サービスの八五～九五％を買っているのです。残りの五～一五％を一九〇〇万社ほどの小規模企業で分けあっているのです。

ちなみにこの調査は記事のネタにする目的で行ったものではなく、あくまでセールススタッフとマーケティングスタッフに起業家マーケットをもっとよく理解してもらうためだけに行ったものです。

■――共通点は「サイズ」ではなく「急成長」

『インク』で私たちが調査をしていたのとちょうど同じころ、MIT[★1]の調査委員でコグネチックスのデビッド・バーチ博士[★2]が、アメリカの雇用に関するデータを作成するよう商務省から委託されていました。その調査につけた補注をもとに、バーチ博士が書いた記事が『ウォールストリート・ジャーナル』に掲載されました。そこでは、最近四年間にアメリカで新たに生み出された雇用の八七%はたった五%の会社から生まれており、しかもその会社の三分の二は従業員二〇人以下の会社であると発表されたのです。

あの調査には度肝を抜かれましたが、さらに情報を得てまったく新

★1 MIT
マサチューセッツ工科大学の略。

★2 デビッド・バーチ博士
MITの調査部門長で、調査会社のコグネチックス社のオーナー社長。

★3 『フォーチュン』
タイム社が発行するアメリカの経済専門誌。

★4 五〇〇社
『フォーチュン』が毎年掲載するアメリカの売上規模上位五〇〇社のランキング。

たな視点も加わりました。『インク』では、長年にわたって考え方に関する何百もの質問を読者にしてきました。その結果、急成長企業を経営している起業家は家族的経営をしている人たちとは思考様式がまったく違うとはっきりわかりました。

彼らは『フォーチュン』[3]に登場する上位五〇〇社[4]を経営しているCEOたちとも違う考え方を示していました。「サイズ」は関係ありませんでした。つまり、五〇万ドルの急成長企業を経営している起業家たちは、急成長している巨大企業の経営者に酷似していたのです。共通点はサイズではなく「急成長」にあります。

忘れもしません。ある夜、私はオフィスで翌日の発表の準備をしていました。ヤンケロビッチ調査の概要と私たち独自の分析、つまり一四〇万の急成長企業の購買力が、アメリカ国内の全大企業合計の購買力にほぼ匹敵するということを入念にまとめました。次に、たった五%にも満たない数の会社が、新たに生み出された全雇用の八七%を占めるというデビッド・バーチ博士の報告を引用しました。

そして最後に、急成長しているCEOの考え方は、小企業や大企業のCEOの考え方とまったく違うという私たちの調査結果をつけ加えました。結びの言葉はこうです。

「これらの事実は、今日のアメリカに新たなビッグ・マーケットがあることは疑う余地がないと証明しています。第三のマーケットです。『インク』はこの市場と接触できる唯一のメディアなのです」

■——起業家はニッチを見つける

私は椅子にゆったりと座ってこの発表用資料を読み返し、結構いい気分でした。突然、私は叫びました。「えっ、何だって?」

何トンものレンガが落ちてきたような衝撃でした。第三のマーケットがあると自分で言ったのです。そんなことがありうるでしょうか? まったく新しい、まだ見つかってもいないマーケットがどうして存在するのでしょう? エコノミストはどこにいるのでしょう? ハーバードやスタンフォードの教授たちはどこでしょう? みんな本当にどこにいるのでしょう?

その意味するところに私は唖然としていました。息を飲みました。『インク』にとってまったく新たな世界が開かれようとしています。私たちだけが「急成長企業のための雑誌」だったからです。そもそもバーニー・ゴールドハーシュが『インク』を創刊したのはそのためです。サイズとは関係なく、会社を急成長させようとしている人たちの手助けをしたいと思ったのです。

マーケティング専門家として、私は急成長している第三のマーケットを別個の分離した経済実体と見ていました。広告主が捕まえなければならないのは明らかにこのマーケットでした。

来た、来た！　私の頭のなかは時速九〇マイルで回転していました。もう将来が見えてきました。『インク』は『フォーチュン』や『フォーブス』や『ビジネスウィーク』[★1]より大きくなるでしょう。私は雑誌業界史のなかで最も有名な発行人となるのです。プロクター&ギャンブル[★2]（P&G）を打ち負かしたときとほとんど同じような気分でスキップをしながら部屋から出ました。

何が待ち受けているかなどほとんど知らず、気にもとめませんでした。夢多き起業家だったのです。最後までたどり着けるかどうかは些細なことでした。

その週の後半、フロリダのボカ・ラトンでのスピーチで私は第三のマーケットの発見と起業家革命を発表しました。それ以来ずっと、このことを訴えつづけています。

★1　『フォーブス』『ビジネスウィーク』　いずれもアメリカの経済専門誌。

★2　プロクター&ギャンブル　石鹸・洗剤のリーディング・カンパニー、約一五〇カ国で販売。紙オムツ・食品など家庭用品に強い。

起業家は「生まれる」のか、それとも「なる」のか

過去一〇年間、私は物議を醸す問題と格闘してきました。人は起業家に「生まれる」のでしょうか、それとも「なる」のでしょうか?

起業家に話をするたび、何度もこの問題について質問されました。これまで私は、まず起業家には「なる」のだと答え、つづけて私たちが祖先から受け継いだ自由への希求が起業家精神に火をつける原動力なのだとつけ加えてきました。

しかし、この結論に全面的に満足しているわけではありません。起業家の子供は起業家になるというまぎれもない事実に答えを出さないままにしているからです。また解明されてはいないものの、起業家の多くは周囲の人たちとは生まれながらに異なった本能、人格、特質を持っているという現実もあるからです。

私はトム・ハートマンと出会い、彼の本を読みました。その本に書かれていた「ＡＤＤ★についての新たな見方」という内容に私はショックを受けました。

あなたもきっと驚くはずです。あなたが起業家で、特に子供がいるなら彼の本を読まねばなりません。あなたが生まれつきの起業家かどうか知りたいのなら、彼の本を読んで答えを見つけてください。誰にとっても信じがたい本です。ここに要約してみましょう。

★ＡＤＤ
Attention Deficit Disorder（注意欠陥障害）の略。行為や衝動のコントロール能力不足が原因となる症状で、遺伝性と見られている。子供のころに多く現れるが、大人になってもつづく場合がある。

■――原始時代

かつて全人類が狩猟民だった時期がありました。穴居《けっきょ》時代以前から古代史を通じ、私たちの祖先は狩猟をして生きてきました。時が過ぎ、人々はより確実で安定した生活を求め、食糧確保の方法として農耕が狩猟にとって代わりました。成功した農民が狩猟民と入れ替わり、世代から世代へと移り変わって今日に至り、いまや狩猟はただのスポーツとなっています。

遺伝学者がみんな言うように遺伝子を殺すのは難しい、つまり、時間の経過に関係なく隠された基本遺伝子は生き残るのです。つまり穴居時代の祖先の狩猟民遺伝子は慎重に守られ、程度の差こそあれ代々伝わっているのです。ですから、完全に農民に牛耳られている今日の世界でも、狩猟民である人たちはいまだに走り回って生活の糧を追っています。そしてみなさん、それこそが起業家が現れる苗床なのです。私を信じないのならつづけて読んでみてください。

■——あなたは起業家ですか?

狩猟民の主要な特徴をあげてみましょう。あなたが起業家なら、はじめから順に自分に当てはまるかどうかチェックしてみてください。

- □ 周りの環境をつねに観察するのを怠らない
- □ 知らせがあれば、瞬時に追跡態勢に入ることができる
- □ 頭が柔軟で、戦略を即時に変更できる
- □ 追いつめているときは疲れを知らず、闘志を持続することができる
- □ 結果志向で、今ゴールに近づいているかどうかを敏感に察知している

□ 視覚的・具象的に物事を考え、具体的なゴールを明確に見ている
□ 独立心が旺盛
□ 平凡な仕事に退屈し、新しいアイデアや刺激を楽しむ
□ 進んでリスクを負い、危険に直面する心構えがある
□ 決断しなければならないときは、いちいち周りを気にしない

このリストを検討しているうちに、自分自身やほかの知っている起業家全員が当てはまると気づきました。言うなれば、起業家は狩猟民遺伝子を大量に賦与《ふよ》されているのです。トムはまた、「ADD」と呼ばれる症状に悩まされる人の特徴もあげています。それらを以下にあげます。

□ 注意散漫
□ 注意力は持続しないが、極度に長時間集中できることもある
□ 短気
□ 計画性はなく、混乱しており衝動的。急に決心したりする

□ 時間の感覚に波があり、物事を行うのにどのくらい時間がかかるかわからない
□ 言葉を概念に、概念を言葉に変換できない。読書力に障害をともなう場合もある
□ 指示に従うことが困難
□ しばしば白昼夢にふける
□ 結果を考えずに行動する
□ 社交上のたしなみに欠ける

ＡＤＤと診断される人の特質と狩猟民の特質を比べてみると驚くほど似ています。ということは、もし私が正しければ、ほとんどの起業家は臨床学的にはＡＤＤだと診断されかねないのです。ずっと何年も、自分はどこか悪いのだろうかと不思議でなりませんでした。やっとわかりました。私はＡＤＤなのです。それだけではなく私はこれらの遺伝子を子供に継がせてしまったのです。同じようにほかの起業家や、ＡＤＤと診断されたほかの人たちも、農民の世界、特に学校で生きていかなくてはならず困っているのです。

■――子供を救え

ほとんどの起業家が現在の教育制度はおかしいと思っていることを知っています。もしあなたに狩猟民の子供がいるなら、質問をさせてください。

狩猟民から農民へと一時的に転換させるために、全員にとは言いませんが、リタリン★や同様の薬を処方されている子供たちが何百万人といることを知ってどう思いますか？

狩猟民の子供たちには狩猟民を基準とした教室が必要なことは明白です。小さな教室でいいのです。もっと実体験をもとにした授業を行い、視覚に訴える教材を用いて、気を散らすものを減らせば、子供たちのなかにある隠された能力や際立った才能を伸ばすことができるでしょう。今は学校での反狩猟民的制度によってその潜在能力が発揮されないでいるだけなのです。

「起業家に生まれつくのか、起業家になるのか」という問題に戻りましょう。起業家はあらゆる分野から出てくるということをいつも主張してきました。「自由」への飽くことのない欲求なしには、起業家のつぼみは決して花開かないと今でも信じています。

面白い質問をしてみましょう。

★リタリン
塩酸メチルフェニデート。ADDの子供に処方される精神刺激剤の製品名。注意力持続や衝動性抑制の効果があるとされる。

人生の多くは遺伝的形質によって影響を受けるわけですから、私たちが祖先から自由遺伝子を受け継いでいると考えるのは論理的ではないでしょうか。これは生粋の農民のなかから、なぜすばらしい起業家が生まれてくるのかを説明しているのではないでしょうか。

無数の世代を経て遺伝子が融合し、混じりあいました。そしてさまざまな程度の狩猟民遺伝子や自由遺伝子を持った農民や、部分的に農民の狩猟民にたどり着いたのです。ＡＤＤや起業家がアメリカで全盛であるのは注目に値します。ＡＤＤは日本では稀《まれ》であり、起業家もあまりいません。歴史的に見て、自由のために闘う必要があまりない農業社会だったからでしょうか。

トム・ハートマンの本は私の人生に重大な影響を及ぼしたと言っても過言ではありません。自分の人生を思い起こすと、私はどうにか生き残ったことにいつも感謝しています。何百万人という人が犯罪者になったり、麻薬中毒者になったり落ちこぼれたりすることを考えるとたじろいでしまいますが、彼らは農民に支配され牛耳られた世界に順応することができずにいる狩猟民なのです。彼らの自尊心や自信は、それをまるで理解できない両親や先生、上司、友人のため不運にも失われました。

もし神の恵みがなかったなら、私やあなた方の多くがその道を歩んでいたかもしれないと思い至ったとき、私は心底謙虚な気持ちになります。

起業家の二つのタイプ

二、三年前、私はラジオのラリー・キング・トークショー★で起業家精神について話すよう頼まれました。電話の主は私がどうしてそんなに多くの会社を所有していたのか、しかも、どうしてそれを売却しつづけたのか、そしてどうして一つに集中してがんばらないのかと聞いてきました。私の答えは起業家には二種類あるというものでした。

★ラリー・キング・トークショー　一九七八年からつづいているラジオの人気長寿番組。DJのラリーは放送界の賞を多数受賞。

■――海賊か、農民か

第一は海賊のタイプ。戦いを始めるのが好きで、見知らぬ海岸、未発見の土地に突撃し、先住民を全員殺し、金をすべて盗み、女性を全員強姦し、無茶苦茶に過ごすようなタイプです。

しかし私は説明を加えました。「もしあなたが国家、あるいは会社を築き上げるなら、別のタイプの起業家が必要です。木を切って家を建て、土を耕し、コミュニティを創ることに精を出すような人です。こういう言い方を許してもらえるなら、農民です。この二つの性格なくして成功した大企業はありえません」そして私がこれほど多くの会社を創った理由は、私が今までずっと、そしてこれからも海賊であるからだと話しました。

私たちはほとんど皆、何かを創造するときに味わう興奮を求めて生きています。そうなるようにチームを組みます。崖っぷちを歩き、必要なら水の上でも歩くこと、これが私たちを惹きつけるのです。でも待ってください。離陸するときには会社はどうなるでしょう？　会社が成長を遂げ、従業員が溢れるほど増えてしまったときにはどうなるでしょう？　すべてをとりしきる副社長がいるときはどうなるのですか？　すべてを始めた海賊はどうなるのですか？

選択肢はいくつかあります。一つは海賊から農民に移行し、会社建設をつづけることです。これができる起業家は血筋から言っても稀な存在で、ほとんどいないでしょう。いくつかの名前が浮かんできます。フォード、クラフト、ＩＢＭのワトソン★1、フェデラルエクスプレスのスミス★2、デル・コンピュータのマイケル・デル★3などです。残念なことに、ほとんどの海賊はその移行を成功させるこ

★1 ワトソン　トーマス・ジョン・ワトソン。一八七四年生、一九五六年没。二四年IBM社を実質創業。第二次大戦中、

とができません。やってはみますが失敗します。悲しいことです。彼らの夢の一部を担っていた多くの人々といっしょに押しつぶされてしまいます。

幸いなことに、大多数の人はしばらくのあいだ血を流すと、起きあがって再び戦いを始めます。起業家を殺すのは難しいことなのです。信じられないならスティーブ・ジョブズ[★4]に聞いてみてください。

もう一つの選択肢は、海賊が自分自身を知ることです。自分たちが決して善良な農民にはなれないという事実に臆せず立ち向かうことです。興味を失う前に会社を売却し、週八〇時間働き、眠らず、お金を無心し、下請け業者と争い、銀行家をも毛嫌いしたり、といった楽しいことに戻るほうが海賊にはずっと幸せなのです。彼らはアメリカ経済を押し上げた無名の英雄です。でも大多数の人々は彼らのことを今まで聞いたこともないし、これからも聞くことはないでしょう。

もう一つタイプがあります。海賊農民族の一派です。彼らは自分たちが何を望んでいるかを正確に理解しており、望んでいたものを得た

規模を飛躍的に拡大、同社の基礎を築いた。

★2 スミス
世界最大の航空貨物会社である同社を一九七三年に設立。

★3 マイケル・デル
一九六五年生。八四年に創業したデル・コンピュータ社の会長兼CEO。九〇年アントレプレナー・オブ・ザ・イヤー、九三年CEO・オブ・ザ・イヤーを受賞。

★4 スティーブ・ジョブズ
一九五五年生。七五年アップルコンピュータを友人のウォズニアックと創業。マッキントッシュを生んだ。八五年、アップルを解任されるが、九六年に復帰。現在、アップル社CEO、ピクサー社長。

らそこでやめます。その一回だけリスクを負いますが、二度と危ない道は歩きません。自分の会社を経営することに満足し、普通の生活を送ります。税務申告をする二〇〇〇万社のうち、このグループがおよそ一九〇〇万社を構成しています。彼らは小企業人であり、実利的で保守的なアメリカそのもの、アメリカの屋台骨です。銀行家でさえも彼らが好きです。ほとんどが店舗やフランチャイズを所有しています。

■──自分がどちらのタイプかを知っておくこと

どちらのタイプの起業家であるかは重要なことではありません。しかしどちらのタイプかを知っておくことは極めて重要です。簡単でないことは、わかっています。自分がどちらのタイプの起業家かを自覚する余裕ができるまで、私はひどい間違いを犯しました。

一九五三年、私はイギリスに会社を創り、米軍物資配給所や米軍基地内の売店に物品を販売していました。会社は猛烈に大きくなり、世界中に拡がりました。

一九五九年までに売上高は一億ドルに達しました。会社はでき上がり、すべてを任せる副社長がいました。ほとんどの勤務時間をＩＢＭの報告書やほかの経営上のくだらない雑用に没頭して過ごしていることに気がつきました。ひどく退屈してしまって、トラブルを探そうと役員室の廊下をうろうろしていました。もし何もトラブルが見つからないと、わざわざ作ったりしていたのでした。

すばらしい会社と優れた部下を兼ね備え、どんどん儲かっていきました。それでなぜ幸せでなかったのでしょうか？　なぜ事務所に行くのに不安だったのでしょうか？　せっかく自分の起こした事業が軌道に乗ってきたというのに、どうしてちょっとくつろいで楽しむことができなかったのでしょうか？

その理由は、私が農民になろうとした海賊だったからです。うまくそうなることができず、私生活にイライラが拡がりました。豚のようにガツガツ食べ、大酒を飲み、一晩中外にいて、たいていバカな真似をしていました。体重は約一一七キロになり高血圧になってしまいました。つまり、めちゃくちゃな状態だったのです。

そのとき、運よく親友がパリにいた私を訪ねてきました。彼は翌日帰りましたが、私の酔いを覚ます言葉を残していったのです。「君がどうなってしまったのか知らないけど、ウィルソン、きみは死んでいるよ。おまけに君といっしょにいても、ちっとも面白くないよ」

一週間後、私は社長をＣＥＯにしてパリからニューヨークに引っ越し、レポートを読むのをやめ、買収する事業を探しはじめました。一年後、私はフォーミュラ409を買い、海賊に戻ったのです。そして七年後、409を売りました。

起業家の四つの変遷

海賊だとか農民だとかいったことすべては極めて複雑な問題です。ロイ・カマラノが書いた『起業家の変遷』★という本を読むまで、私はその問題がどれほど複雑であるかがわかりませんでした。これは、急成長している会社を経営する起業家全員が読むべき本です。その本では、事業を開始してからフォーチュン五〇〇社に至るまで、起業家が孤独で不安な道を歩むときに直面する問題が扱われています。

★ Roy F. Cammarano, *Entrepreneurial Transitions: From Entrepreneurial Genius to Visionary Leader*, Griffin Pub Group, 1993

起業家の墓地には墓石が立ち並び、碑文にはこう書いてあります。

「起業家の体がここに眠る。会社を創る天才と大会社を経営する人物とが同じ人物であってはならないことを彼は理解しなかった」

彼らは、何も変わらなかったように見えます。しかし、それは見かけだけです。内面では、誰にも気づかれないうちに進行して、起業家精神を腐らせてしまう力との戦いに負けたのです。

■――起業家の四つの段階

いくつかの事実を見てみましょう。全企業の五〇%は一周年を迎える日までに失敗することがわかっています。この調査が意味あることなのかどうか私にはわかりません。事業が失敗する理由は何万とあるのですから……。最大の理由の一つは、その会社をそもそも作るべきではなかったというものです。しかしさらに重要なことは、三年目の終わりまでには残りの八〇%の会社も失敗するということです。つまり四年目までたどり着くのは一〇社のうちたった一社しかないのです。そして生き残った会社のうち半分足らずの会社が成長をつづけ、そのうち完全に成功するのはほんの一部の会社だけなのです。

『インク』の調査でも同様のことが示されています。税務申告書を提出した二〇〇〇万の会社のうち、たったの一四六〇社しか一億ドル以上の売上がなかったのです。フォーチュン五〇〇に入る会社は、四万の企業のうちのたった一社に過ぎません。起業家が自分たち自身をもう少しよく理解すれば、つまり自分たちが本当は何を望み、そのためには何を犠牲にできるかということを理解すれば、この数字は劇的に変わるだろうと私は思います。

ロイは本のなかで起業家が通らなければならない四つの段階のあらましを述べています。これらの段階を覚えておきましょう。私は何度も何度もそれを引きあいに出します。

第一の段階は「天才起業家時代」です。希望、楽天主義、幸福感、興奮に満ち溢れたアイデアのある夢見る段階です。みんなを自分たちの夢の実現へと磁石のように惹きつけます。起業家にとってすばらしい時期です。

第二段階は「カリスマ時代」。自分自身を完全に信じ、会社のあらゆる面を支配し、社員が息苦しくなるほど完全に掌握しています。この段階の起業家は、自分たちのことを、何を、いつ、どうしたらいいかを子供に教えている親のようなものだと考えているのです。起業家の会社人生のうちでたぶん最も幸せな時代です。

第三は「存在感のない社長の時代」。ひどく混乱しイライラしている時期で、不信感、矛盾がうずまき不安定なムードが左右しています。子供たちは成長するにつれ反抗します。起業家は組織が意思決定する際に自分を頼りにしているわけではなく、頼りにしたくもないことをたちまちのうちに悟ってしまいます。従業員たちは起業家よりも同僚を信頼しはじめます。「手放す」ときなのです。潜在的な災難の危険性があるときです。

第四は「ビジョンを持った指導者の時代」。コミュニケーションや協力、協調がその特徴です。大きな企業を創り、育て、成功するという起業家の本来の夢が実現されます。

■――私の体験

私は一度ならず四段階すべてを通りました。第一と第二は充分楽しみました。第三はいつもいやでした。第四は死ぬほど退屈でした。第一段階と第二段階は起業家が自分の役割を果たす段階だと思います。ここが彼らの生きる場です。ここがアメリカとほかの国々とが違うところです。

第三段階は、個人が会社の指導者になるために起業家である楽しみを放棄できるかどうかを決めるテストにほかなりません。ほとんどの起業家がこの移行を成功させることができません。最初の二つの段階に閉じ込められてしまい、それを何度も何度も繰り返す運命になってしまうのです。

ビジョンを持った指導者になるという、強烈に燃える野望に私の全生命をかけていた時期がありました。第四段階に成功しなかったなら、その炎はいまだに燃えていると思います。私には過去を振り返る洞察力があるので、大きな声ではっきりと言わせてもらえば、リムジン、ヨット、五番街のペントハウス、ファッションショー、洒落たクラブなどすべてをもってしても、従業員を従え、起業という乱戦に挑む快感には勝りません。これに勝る喜びはないのです。

■——挑戦あるのみ

成功のチャンスをつかむなと言っているわけではありません。まったく違います。起業家は皆、目的を達成するためにできるかぎりのことをするべきです。力を尽くさないとしたら、そもそもあなたが起業家ではないことになります。第四段階に達したら、過去を振り返り、第一段階と第二段階だけでしか得られない幸福感を思い出せ、ということを強調しておきましょう。

ついに第四段階に到着したときは、ＩＢＭのレポートに没頭したり、銀行家と交渉したり、怒った株主による訴訟をイライラして待ったり、次回の役員会のためのにわか勉強をやったりするとき、世界がすべて自分を中心に回っていた過ぎ去った貴重な時間を懐かしく思うでしょう。傲慢で、怒りっぽく、誇り高く、残酷で、恐怖で圧倒されていたあのころ、あなたが起業家であったあのころを。

あなたがどの段階でつまずいてもそんなことは問題ではありませんが、自分がいたいと思う場所にいるということは極めて大切です。自分が人生で何を欲しているかわかっていること、少なくとも自分でわかっていると思っていることは大切です。いろいろやっていくうちに自分の考えが変わっていくことは予想できます。しかし第三段階については注意をしておきましょう。もしあなたが第三段階に移行するのをやめようと決心したり、やってみたけど失敗したりしたのなら慰めてさしあげましょう。

私が海賊や農民について述べたのは、第三段階のことを言っていたのです。全起業家にとって真実のときです。会社を売却して海賊に戻るか、それとも移行して農民になるかの決断を迫られるときです。この全人格を変えなければならない苦痛は「移行」という言葉でとても言い表せません。プロの重役が毒牙を注入するにつれ、あなたが息を吹き込んだ会社が陰謀のうずまく場所になるのを目にするでしょう。農民に移行することは「手を放す」という言葉と同じようなものです。

とても簡単に聞こえるかもしれません。が、覚えておいてください。あなたが「手を放す」ということは、誰かほかの人間が引き継ぐのです。突然、全組織が混乱します。政治工作が日常茶飯事となり、委員会が組織され、レポートが作成され、規則や規定が何枚も印刷され、創造的なイニシアティブがもみ消され、人間より数が大事になっていくのです。

　私は自分が何を言っているかよくわかっています。私は苦しみながらそこを乗り越えてきました。そして川の向こう側にたどり着くと、草はこちら側より青いわけではありませんでした。それどころか草さえなかったのです。しかし私はビル・ゲイツ[★1]でも、マイケル・デルでも、ロス・ペロー[★2]でも、デビー・フィールズ[★3]でもありません。もしかしたらあなたは彼らのようになるのかもしれません。そんなことは誰にもわかりませんから、そうあってほしいと思います。新進の起業家たちには、彼らを待ち受けている真っ暗で孤独な夜を導いてくれる明るく輝く星が必要です。

★1 ビル・ゲイツ
一九五五年生。七五年、友人とマイクロソフト社を創業。八一年MS‐DOSを開発し、大成功を収める。現在同社会長兼CEO。九四年CEO・オブ・ザ・イヤー受賞。

★2 ロス・ペロー
一九三〇年生。六二年エレクトロニック・データ・システムズ社を創業。現在、同社会長兼CEO。九二年アメリカ大統領選の独立系候補。

★3 デビー・フィールズ
一九七七年、カリフォルニアにミセスフィールズ（クッキーストア）を開店。クッキー業界で最初のチェーン展開を行い、大成功を収める。現在は、同社相談役。

起業家の意思決定プロセス

起業家が意思決定を行う人物であることはみんな知っています。賢い決断をする人はごく少数しかいませんが、その人たちの話はしばしば耳にします。しかし失敗についてはあまり書かれていません。好むと好まざるとにかかわらず、起業家たらんとする人たちの大多数はそこで終わってしまいます。何千人もの成功者、失敗者と話をして確信したことは、天国の門に誰が入れるかを決めるのは意思決定のプロセスだということです。

起業家にとって意思決定は極めて複雑です。どうしてかというと創業《スタートアップ》の時期から大組織を運営するようになるまでに、意思決定のプロセスも変えなければならないからです。四つの起業家の移行を経験するにしたがって、そのプロセスも変化させなければなりません。

創業すなわち天才のあいだは、プロセスは非常に単純です。そもそもプロセスなんてありません。質問がくれば、即座に答えが出ます。新進の起業家はすべての知識の源泉です。そうあるべきなのです。もし天才が自分で考えられないことをやり、アドバイスを求めたなら、そもそも会社を始めたのがバカげたことだと言われるのがオチです。不運なことに、この段階ではたった一回の間違った意思決定が会社を駄目にしてしまいます。たとえそれがほんの小さなものであってもです。この段階での起業家に対するアドバイスを、私はほとんど持ちあわせていません。正確に言えば、アドバイスはあるのですが、あなたが聞く耳を持っていないことをよくわかっているのです。

次のカリスマ時代では、意思決定のプロセスが変わりはじめます。起業家はさらに神のようになり、人から干渉されるのを嫌います。どうして嫌うのでしょうか？　起業家の意思決定は現在までのところは絶対信頼できるものでした。しかし新しいプレーヤーがゲームに参加したのです。銀行家、取引先、顧客といった人たちで、彼らは全員往々にして、求められてもいない意見を意思決定の過程に割り込ませてきます。会社が大きくなるにつれて、外からの干渉が増えます。でも間違いなく、起業家はまだ運営の采配を握っています。ちょっとした新しい要素がプロセスに追加されただけです。

この段階でも一つの間違いが悲惨な結果になりえます。でも、ほんの小さな判断ミスが命取りになりかねない天才の段階とは違って、大きな間違いが回復できない損害を与えても、十中八九は乗り越えられるでしょう。唯一の問題は、ビジネスの賭け金が上がっているということです。失うものが前よりも大きくなっているのです。

もしあなたがこの段階にいるなら、アドバイスがあります。重役に少なくとも一人は社外の起業家、今のあなたの段階を経験したことのある人物を任命しなさい。すべての方針決定をその重役会でとり行うようにしなさい。大事な問題に関して、経験豊かで賢い、同じ会社にいる友人の意見を聞かないなんてまったくバカげています。ちょっとのあいだ、エゴはおさえなさい。それが、大きな致命的間違いを犯さない方法なのです。

「存在感のない社長の時代」に進みましょう。起業家にとっては悪夢です。会社はどんどん大きくなっています。起業家が真の権限を委譲せざるをえないところまで、会社は大きくなってきているのです。手放す時期がきました。副社長があちこちにいます。会社がこの段階を生き残ろうとするなら、意思決定のプロセスを根底から変えなければなりません。一方的決定をくだそうとしても、起業家は会社運営のすべてを充分には知らないのです。そもそも委員会が設置されたのはそれが理由であり、起業家に嫌悪感を抱かせつつも、委員会がつづいている理由でもあります。

とにかく、幹部役員は情報源としてなくてはならない人たちです。その情報は意思決定をするプロセスで咀嚼《そしゃく》されなければなりません。幸いにも、会社はただ一回の間違った決定で破滅を招くことはない段階に到達しています。たくさんのバカげた失敗やら多くのドジや自滅にも持ちこたえるでしょう。でもビジネスの賭け金は幾何級数的《きかきゅうすう》な割合で大きくなっています。意思決定のプロセスを変えることを拒む起業家は、すでに多くの起業家が歩んだ下り坂をまさに転がり落ちようとしているのです。

アドバイスはいくつかあります。役員会はあったほうがいいというだけではなく、絶対に必要です。何らかの理由で役員会が嫌なら、アドバイザー会議と呼びなさい。名称は何でもかまいません。でもほかの起業家の意見を聞かずに重要な政策決定をしてはなりません。会議を公式なものにすること。役員たちにプレゼンテーションをさせること。無理にでも頭を柔らかくすること。大事な問題を大急ぎで処理しないこと。あらゆる知恵が手に入るという強みを意思決定プロセスに活かしましょう。

そしてとうとう第四段階に到達します。「ビジョンを持った指導者の時代」です。あなたが正しい意思決定プロセスを用いてきたのは明らかです。ですからアドバイスは一つだけです。友よ、そのまま進みなさい。でもときどき注意して見るべき所が二カ所あります。背後と……鏡です。

起業家に必要なリーダーシップ

起業家になるためのすべての資質のなかでリーダーシップは必須の要素です。あなたがそれを備えているのなら自分でわかります。備えていないなら周りの人みんなにはそのことがわかります。醜くて、無教養で、小さくて、意地悪で、むかつく奴であっても、何とも説明しがたい理由で、地獄まで人々がついてくるようなタイプの人がいます。

反対に背が高く、ハンサムで、巻き毛で、運動神経も抜群で、みんなに握手を求められるハーバード大学出のＭＢＡホルダーであっても、性欲剥《む》きだしの男たちを売春宿に連れていくことさえできない人もいます。リーダーであっても起業家にはなれません。でも、リーダーシップがないということは水かきなしで川上に向かって泳ぐようなものです。

自分が指導されたことのない人は真のリーダーになれないと私は思います。どうやって命令を受け取ったらいいかわかるまで命令をくだすことはできません。心理学者は、リーダーシップは幼い時期に自然に現れると主張します。彼らは間違っています。学生の日々を思い出してください。「将来きっと成功するだろう」と言われていたクラスメートのうち、何人がそのとおりになりましたか？　リーダーシップは獲得するものだと思います。生まれついての能力ではありません。戦いがリーダーを生み出します。苦難に立ち向かおうという積極性が普通の人をリーダーに変化させます。銃弾の飛び交う戦争でも、油断のならないビジネス戦争でも同じことです。リーダーシップは勇気の現れなのです。

■――戦争が起業家を生む

いつの戦争でもその二、三年後に起業家が爆発的に出現します。なぜでしょうか？　これまで自分にあると知らなかった勇気を発見する、またとない機会に多くの人が出会ったからです。信じがたい危険を冒したり、恐怖と生活することに我慢できるようになったのです。戦地から家に帰ると彼らが起業家になっていたのは不思議なことでしょうか。私に起きたのがまさにそれです。私の考えを示す出来事を一つお話ししましょう。

第二次大戦の終わりころでした。私は戦闘機のパイロットで、P38★に乗っていました。私の部隊はパットン将軍のフランス横断作戦の近接支援を行っていました。私たちの任務は彼の軍隊の前方にある敵陣を爆撃し機銃掃射することでした。

ある日、私たちは四機編成の飛行でドイツ軍前線から約一〇〇マイル後方の飛行場を破壊するとの命令を受けました。少尉である私は最後尾の飛行機に乗りました。飛行する際に最もいい場所は一番機だと戦闘機のパイロットならみんな口を揃えるでしょう。敵を驚かせることができるからです。四番目の飛行機がそこに到着するころには、すべての高射砲の準備が整い、あなたを待っています。それは私の一四回目の任務でした。最後尾になった飛行機が飛行中に何機行方不明になったか熟知したうえでの一四回です。私はまたもや生き残りました。

飛行機を急上昇させると、はるか遠くのほうにコンドルの大群のようなものが飛び交っていました。即座に気づきました。

「なんてことだ、あれは飛行機だが、味方じゃないことは確実だ。ドイツ軍戦闘機だ」

私は送話器をとり、リーダーのジェリー・ガードナー少佐を呼びました。「ド」の音より十オクターブくらい高い声で私は叫びました。

★P38ライトニング
太平洋戦争時に多く生産された高速迎撃機。

「ジェリー、国籍不明の飛行機が下方左斜め前方の方向にたくさんいるぞ」

ジェリーはそちらを見ると、落ち着いて言いました。

「やっつけよう」

■――命がけのリーダーシップ

私たち、四機の愚か者たちは飛び立ちました。彼らの正体は六七機の敵軍戦闘機でした。しかもただの戦闘機ではなく、恐るべきヘルマン・ゲーリング・イエローノーズ戦闘機だったのです。戦争終結のころ、アメリカはドイツ空軍の大部分を破壊していました。そこでドイツ空軍のリーダーであるゲーリング空軍元帥が、精鋭のパイロットを一つにまとめていました。彼らはいつもいっしょに飛行し、無敵でした。ある日彼らは私たちの飛行場を爆撃し、軍勢を殺し、完膚なきまでに粉砕したことがありました。彼らは一度も戦いを挑まれたことがなかったのですが、今回は私たちが戦いを挑もうとしていたのです。

近づくにつれ、イエローノーズには爆弾と胴体につけた補助燃料タンクがあるのが見えました。彼らはどこかの飛行場を爆撃するために飛び立っており、四機のP38と遊び回ることにはちっとも興味を示しませんでした。私たちからどんどん離れていこうとします。私たちは次第に距離を縮めていきました。ついに彼らは私たちのほうに向かってきました。敵は六七機、我ら四機、正面から向かいあっています。どんどん近づいてきます。ほとんど射程内に入り、私は座席にしっかりと腰をすえました。

空軍には神聖なる規則が一つありました。それはつねに編隊を組むというものです。どんな状況下であっても決して編隊を崩してはいけない。パイロットは第一日目から、空中戦で生き残れる唯一の方法はお互いを守るためにいっしょにいることだと教えられていました。ずっと編隊を組んでいなさい、と。

イエローノーズが飛び交っている空で、敵に出会う寸前にジェリーが無線をとり、いつまでも記憶に残るセリフを大声で叫びました。

「みんな自分の安全だけを図れ」

ひどい乱戦になりました。私たちは編隊のど真ん中に突っ込みました。私は幸運にも、部隊と三機の編隊僚機を指揮している将軍のすぐうしろにいました。ということはうしろからは誰も私を狙うことはできません。なぜなら将軍に弾が当たる恐れがあるからです。銃殺隊に直面したくないドイツ兵にとってそれは、決してしてはならないことの一つだったのです。おかげで私は攻撃を受けることもなく、三機の編隊僚機を撃ち落とすことができました。それから将軍と私はハイレベルの空中戦を繰り広げました。私は彼をこてんぱんにやっつけました。彼はたぶん私が撃った弾に当たったのでしょう。私はずっと最初からコックピットのなかの銃爪を絞りつづけていましたから。もちろん将軍が下降するやいなや、私の味方を攻撃している以外のすべてのイエローノーズが私に発砲してきました。弾は当たりました。機体は火に包まれ、私自身も火に包まれました。

私はパラシュートで脱出し、ひもを引いてパラシュートを開き、上を見ました。パラシュートは燃えていました。もしどうすれば本物の興奮を沸きたたせられるか知りたいなら、これをやってみればいいでしょう。幸いにも私はかなり低いところにいたので、パラシュートが二、三回揺れ、地上に叩きつけられるくらいですみました。ひどい火傷は負っていましたが、フランスのレジスタンスに救助されました。

一一日後、私はパットン将軍が私を救出するために送った戦車大隊によって九死に一生を得ました。ちなみに、あの日、イエローノーズ四七機が撃ち落とされました。私たちが追跡を始めたとき、ジェリーは味方の部隊を呼び出し、絶対に忘れられないセリフを発しました。

「こっちへ来い。イエローノーズを五〇機以上も追いつめたぞ」

つけ加えて言うと、私たちは四人全員生き残りました。なぜでしょうか。なぜ三人のパイロットはほとんど確実に死ぬことを承知でジェリーのあとをついていったのでしょうか。

答えはただ一つ。ジェリー・ガードナーがリーダーだったからです。私も、そのリーダーになりました。

「小さい」と言わないで

起業家に製品やサービスを販売しようとしている会社が犯す最大の罪は、起業家のことを「小さい」と思うことです。にもかかわらず、大多数の大企業が私たちを狙って販売戦略を立案するときの態度は、まさにそれです。

前にも言いましたが、もちろん何度でも強調したいのですが、小さな会社を所有する個人と、成長している会社を経営する起業家との思考様式には大きな隔たりがあります。私たちを一つのカテゴリーで括ることは、虫とガラガラヘビの父親が同じだと考えるようなものです。

■——ある起業家の反論

誰かがアメリカ株式会社を正さなければなりません。何年もそれをやろうとしてきたので、私が名乗り出ましょう。たぶん最良の方法は、数年前インク500の会議で起こった出来事をお話しするのがいいと思います。

ご存知かと思いますが、インク500とは個人所有で最も急成長しているアメリカの会社を経営しているCEOの集団です。『インク』の発行者として私は事務局長を務め、今年の新入メンバーに同窓生や配偶者も加えて集まりました。総勢一〇〇〇人ほどでした。

昼食会で講演してもらおうと著名なスピーカーを招待していました。講演のなかで彼は言いました。

「みなさんは小さな会社を経営なさっていると存じておりますが……」

つづけてみんなを鼓舞し元気づける話をしました。あとで私は起業家のグループのところに行って尋ねました。

「彼のスピーチどうだった?」

グループのなかの一人が私のほうを振り返って言いました。

「ウィルソン、私は我慢ならないことが三つあるんだ。一つは妻に言い寄るような奴。二つ目は、私の会社を盗もうするような奴。そして三つ目は、私のことを『小さい』と言うような奴だ。あの男がそんなこともわからないならここに来るべきじゃないし、君は彼を招待すべきじゃなかったんだよ」

私の軽率な質問に無愛想に答えたわけではありません。彼は侮辱だと感じたのです。そしてそれは当然のことでした。

■――「小さい」とは何か

私はその話を大企業の数多くの重役や広告会社に話しました。彼らは判で押したように、珍しい宇宙からやってきたとでもいうように私を見て尋ねました。

「『小さい』と『急成長している』との違いは何なのですか?」

「売上高はいくらですか?」

「従業員は何人ですか?」

私は一時間費やして起業家マーケット、つまり第三のマーケットでは、会社はサイズと関係がないと説明しようとしました。しかし彼らは疑う余地もなく、根本的に違う見方をしていました。異なる問題、異なるニーズを抱えていました。「いったい全体どうして彼らがほかと違うとわかるんですか?」という質問をいつも私は受けます。いい質問ですね。答えてみましょう。

まず第一に、大企業がどのようにマーケットの範囲を特定するのか調べてみましょう。その結果、どんな資源をどこに注ぐかを決められるのです。

かなり長期にわたって彼らは売上高や従業員数で市場を区分してきました。彼らのコンピュータは会社のサイズを扱う情報でぎゅうぎゅう詰めになっています。小規模企業は普通売上高五〇万～一億ドルのあいだで、従業員数二五～一〇〇〇人です。ですから会社がひとたび一定ラインを越えるとそのまま小さいから大きいになります。これは複雑な調査プロセスを簡略化しすぎていますが、すべてを突きつめれば、マーケットの範囲を決めるのは会社のサイズだということになるのです。

「大企業」の販売意識についてはもう一つ問題があります。それはマルコ・ポーロの時代にまで遡ったルールで、こうです。「全売上の八〇%は顧客の二〇%から発生する。したがってそこに、全営業努力の九〇%を注ぐべきである」

なんとバカげた話でしょう！　そのルールは「委員会による経営」と「大きいことはいいことだ」という言葉といっしょに葬られました。でもまだ息をしているのです。なくなるまでには長い長い時間がかかるかもしれません。なぜならコンピュータを作動させ時代遅れの無駄な情報をたくさん生み出す以上に、新たな思考様式に対する建設的な措置を講じることのほうが大変な努力を必要とするからです。

小さい会社と急成長している会社の違いを具体的に理解できる例をあげてみましょう。ある人がドライクリーニングのトラックを運転しているとします。一所懸命働いて、お金を貯め、ドライクリーニングの店を買いました。朝七時に家を出て夜七時に家に帰り、妻にキスをし、急いで子供を連れてリトルリーグの試合に出かけます。事務所に行くと、壁一面にプレートが飾ってあります。商工会議所、ロータリークラブ、地元の共和党や民主党など、すべてのことを進んで引き受けます。こういう人は小さい会社の人です。しかしこのような人は経済にはあまり貢献しません。おおかたコンピュータは一台、電話は一回線か二回線、通常の事務所の備品と事務用品を購入するだけでしょう。

■——起業家の生活

さて、同じ人物をとりあげてシナリオを変えてみましょう。最初の店舗を買ったあとに、彼は妻にこう言います。

「この家を担保にして、もう一度、借りられる人全員からお金をかき集めよう。お母さんや兄弟からもね。私たちの持ち物すべてを担保に入れるんだ。もう一件別のドライクリーニング店をすぐにでも買いたいと思ってる。それから買ったもの全部をまた担保に入れてもう一件買い、それからまた買うんだ。私はこの町で、この州で、この国で一番大きいクリーニング屋になるんだからね」

真のアメリカの起業家をたった今紹介しました。労働時間は週平均七五〜八〇時間。学芸会やリトルリーグの試合はありません。事務所でただ一つ飾ってあるプレートは、インク500かその年のアントレプレナー・オブ・ザ・イヤーです。この起業家はどんなボランティアをする時間もありません。会社では手に余る仕事を家に持ち帰ります。夢中になっていて頭から離れないことが一つあるのです。事業を成長させることです。

アメリカ株式会社を教育するための十字軍に私は参加していると認めます。あなたの助力をお願いしたいと思います。今度くだらない奴があなたを「小さい」と呼んだら、起業家の微笑と私からのメッセージをお返しください。

「お出口はあちらですよ」

お金か自由か

起業家のために、また起業家についての講演をしながら全国を歩き回っていると、多くの起業家志望者に出会います。彼らは、どうすれば起業家になって、成功できるのかと尋ねます。

私は彼らにいつも同じ質問をします。「動機は何ですか?」「何を求めているんですか?」「あなたにとって、成功とは何ですか?」わかりきっていますが、答えはほとんどいつも同じ、「お金!」です。「権力」や「影響力」と答える人もいます。もっと具体的に、広い家、自家用飛行機、メルセデス・コンバーチブル、旅行などをあげる人もいます。私は彼ら全員の資質を見抜いたうえで、驚くような回答を用意しています。

「今何か職に就いているならそれをつづけなさい。就いていないのなら職探しに行きなさい。あなたは起業家でも何でもないんだから」もちろん、みんなびっくりした表情で、お決まりのようにこう質問します。「ええっ、どういうことですか?」ここから、話は核心に入ります。

起業家の大多数が失敗するのは、そもそも彼らが起業家としての投資をしないからだと私は思っています。起業家は非常に特別な人種なのです。その王国への門は、欲張りやてっとり早く儲ける魂胆というものには固く閉ざされています。多くの人が門を叩きますが、なかに入れる人はほんのわずかです。

今日では誰もが起業家になりたいと思っています。ニューヨークのタクシー運転手からエイボン・レディー★に至るまで、みんな「私は起業家です」と言うのです。そう言えなくもないでしょう。でも自称するだけでは起業家にはなれません。真の起業家と呼べる人はごく少数しかいません。ですからもっとお金を儲けたいとか、お金持ちになって有名になりたいからといって、仕事を辞め、退職金を受け取って、起業家の看板を掲げるのは、ちょっとお待ちなさい。

★エイボン・レディー
化粧品の女性訪問販売員。

■――お金は副産物に過ぎない

よく聞いてください。結局、起業家精神とお金儲けは別の問題です。権力や影響力も別です。これらは成功を測るものさしに過ぎません。表に現れる単なる成績表です。実際、世界は成績表に満ちています。信じないのなら、新聞の経済面を開いて、アメリカ株式会社の成績表を読んでごらんなさい。大企業に電話して景気はどうか聞いてごらんなさい。営業成績表といっしょに、権力や影響力を持った社長や会長からのメッセージを送ってくるでしょう。彼らは自分たちの成績を長々と自慢し、説明し、弁明したりするでしょう。このバカバカしいビジネスの世界全体が、お金の周辺をぐるぐると回っているのです。これはまったく間違っています。今権力や影響力のある社長や会長は、かつての創業者の背中に乗っている孤独で気の弱い成績記録係に過ぎません。その当時は、お金は何か成功させたいと望む気持ちの副産物でした。

起業家であることとは、どういうことなのでしょう。たった一言、とても簡単な言葉で表現できます。「自由」です！　人に抜きんでる自由。自分自身でいられる自由。アイデアを思いつき、そのアイデアを事業に変え、可能ならば、その事業を帝国へと変える自由。自社の製品やサービス、従業員、顧客のことを気にかける自由。そしてこれらすべてがうまくいけば、銀行家に「地獄へ堕ちろ」と言える自由。

それができた暁《あかつき》には、強力で影響力を持った成績記録係が会社を引き継ぎ、成績表を配ることになってしまうかもしれません。あるいはもっと悪いことに、自分自身が起業家であることを忘れて単なる記録係になってしまうかもしれません。

ちょっと考えてみてください。これがまさにアメリカのほとんどすべてのベンチャー企業がたどったストーリーではないでしょうか？　ＩＢＭのトーマス・ワトソン、アップルのスティーブ・ジョブズ、マイクロソフトのビル・ゲイツ、フェデラル・エクスプレスのフレッド・スミス、これらの誰もがウォールストリートでの成功を示す成績表——お金——に捕まったのではないでしょうか？

あなたの答えがイエスなら、次にもっと嫌な質問、すなわち「なぜ」が待っています。なぜ、これらのものすごい起業家たちは自由とお金を交換したのでしょうか？　答えは単純です。会社を成長させるためにはお金が必要だったのです。多額のお金です。彼らは、自分たちを大きく育てたすべてを捨てざるをえなかったのです。一塊の金と引き換えに自由を手放さざるをえませんでした。自分たちの製品、顧客、従業員のために何をどうすればいいのかと考えるかわりに、短期収益について考えはじめざるをえませんでした。将来は来四半期になります。

こうして悪循環が始まります。終わりが必ずやってきます。フォーチュン五〇〇社があんなに速く消えていくのは不思議ですか？　ＩＢＭが起業家精神を失っていなかったら、絶対に今日の危機を迎えていませんでした。最も驚くべきことに、権力も影響力もある社長や会長たちでさえ、個人的には、この成績表に満ちた世界はすべて間違っていると認めているのです。

■──決して自由を売り渡してはならない

これらすべてはあなたや私にどう関係があるのでしょうか？　起業家全員が同じように、資金を求めて気分が悪くなるような旅をするよう運命づけられているのでしょうか？　私には夢があります。前月比や前年比で見た今月の収益が採点基準になるわけではないと、いつの日かこの国にもわかるときが来る、という夢です。ウォールストリートは不完全で、致命的な欠陥を持った記録係だとわかるときが来るという夢です。

私には夢があります。無欲で賢いアナリストが、どの財務諸表にも、もちろん毎日の株式相場にも、会社の価値を反映することはできないと理解する日がいつか来るという夢です。製品やサービス、顧客、そして何より従業員によって会社が評価され、組織全体を活性化させる能力において経営者が評価されるときです。従業員が自由にアイデアを提供できるときが、自由に会社の起業家精神の一部になれるときです。なんというすばらしい日になることでしょう！

この夢は一部の人が考えるほど、はるか遠い先のことではないかもしれません。これを書いている今でも、投資家たちには光明が見えはじめています。

簡単な質問をします。もし投資家として選べるなら、あなたはフォーチュン五〇〇社のうちの一〇社の株主になりますか？　それとも創業者やCEOがいずれもアントレプレナー・オブ・ザ・イヤーに選ばれている未公開企業一〇社の株主になりますか？

もう一つ別の質問です。なぜ店頭公開市場《ナスダック》の株式がニューヨーク証券取引所の株式を打ち負かしているのですか？　その場所が起業家精神溢れる世界に参加するのに最適だからでしょうか？　そのとおりです！

この話には、今話題の会社を経営しているビル・ゲイツ、マイケル・デルやほかの起業家たちにとって教訓になることがありますか？　私はあると思います。絶対にお金のために自由を手放さないことです。金融業界におだてられて、バカな意思決定をしないことです。今四半期の利益と引き換えに自分の将来を売り渡しても、結局、彼らに手っ取り早く大儲けをさせるだけです。もし自由を重視したために成長が少し遅れても、それはそれで構わないでしょう。世界制覇が少し先になるとしても、待てばいいでしょう。

私はこの本をビル・ゲイツやフレッド・スミスのような、お金持ちで権力のある人たちのために書きはじめたのではありません。ですから最後に一番大事な質問をします。

あなたにとってこの章は教訓になりますか？

Part 2

旅を始める

決してリスクは冒さない

コンサルティングの仕事で最も面白いことは、販売やマーケティングに携わる人たちに対して起業家マーケットの講義をすることです。二時間のセッションのなかで、起業家にはどのような資質が必要か、聴いている人に意見を求めます。そして黒板にその答えを書いていきます。進んでリスクを冒すこと、勤勉さ、創造性、野心、献身的、自信、人間本位、過度な要求をすること、などがあります。

リストが完成すると、私は「リスク」の文字を丸で囲んで聞きます。

「起業家はリスクを冒すという見方に賛成の方は、何人いらっしゃいますか？」全員の手があがります。それからこう言います。「驚くべきことに、起業家本人に自分がリスクを冒していると思うか尋ねると、全員からノーという答えが返ってくるんです。どうしてそんなことがあるのでしょうか？」さらに尋ねます。「みなさん全員、それに世間の人たちも、起業家はリスクを冒すものだという見方をしています。でも当の起業家は自分たちはリスクを冒していないと言います。誰か理由を説明できますか?」

誰もできません。それで、これを説明するために私なりの解説をします。みなさんにも聞いていただきたいのです。

「起業家は現在どんな事業を進めているとしても、それが成功すると確信しているので、彼らの頭のなかにリスクというものはない」

次の質問は当然その方法についてです。「起業家はどんな精神プロセスでリスクを取り除くのですか?」

それはリスクに創造力を加えるということで解決します。もう一つは「積極性」。それも剥き出しの積極性です。これが起業家であるということなのです。

私は新進の起業家と話すときにはいつも彼らに聞いてみます。「これはリスクをともなう取引だと思いますか?」と。もし答えが完全にノーと言えないものだったら、私のアドバイスはこうです。

「振り出しに戻って、リスクが消えるまで創造力を加えてごらんなさい。もしいつまでもリスクが消えないなら、その取引はやめておきなさい、それがどんなにうまい話に見えてもね」

リスクについて最も驚くことは、あとになって考えるとそのリスクがまったく違って見えることです。例をあげてみましょう。私が絶対に忘れることのできない起業家的瞬間でした。

一九五五年、私はニューヨークでミニッツメイド社★の輸出部長のボブ・ブレイクと会っていました。その二年前に私は一般消費者向けの製品を軍の小売店に卸す会社、ウィルソン・ハーレル・アンド・カンパニーを設立したのですが、ミニッツメイドはその最も大事な取引先の一つでした。軍のことをあまりご存知ない方のために言いますと、軍駐屯地の売店であるコミサリーは食品スーパーのようなもので、PXとはデパートや量販店のようなものです。

私の会社はまだ参入したばかりだったので悪戦苦闘していました。起業家の誰もがそうであるように、私は苦労してかき集めた資金すべてを会社を拡大するために注ぎ込んでいました。ヨーロッパと中東全域のコミサリーやPXを訪問するのに充分な数の販売員をなんとか雇うことができましたが、給料日は毎回、知恵をひねり出すのに必死でした。ミニッツメイドは創業間もない私の会社と取引をするという、大きなリスクを冒していたわけですが、うまくいっていました。ミニッツメイドの販売事業は急成長していました。ボブと私の個人的な信頼関係も売上とともに高まってきていました。

★ミニッツメイド社
冷凍濃縮オレンジジュースの会社。

この劇的な日、ボブはちょっとした問題を話しあいたいと言ってきました。ニューファンドランド★にあるミニッツメイドの代理店が、その米軍コミサリーとPXを譲り受けたいと言っているというのです。ニューファンドランドでの軍施設の売上高が、民間売上高の約四倍である事実を考えれば理解できます。ただし、私たちの全売上高に比べればとるに足りないほど小さな規模のマーケットでした。ミニッツメイドという名前は私たちの会社にとって大きな意味を持っていました。当時アメリカで最も勢いのある会社の一つでしたし、手数料も悪くありませんでした。

ボブは当社の数字を把握していました。ニューファンドランドからの手数料収入は当社の売上全体の〇・一%ほどでしかなかったのです。ボブにとって、この決定は頭を悩まさずにできることでしたが、私にとっては違いました。ボブが輸出部長として、ミニッツメイドのために積極的に海外マーケットを開拓してきたことを私は知っています。

現地代理店を惹きつけるために軍施設の事業が利用されるのは、これが最後ではないだろうということに気がつきました。今日はニューファンドランドというとるに足りないほど小さなマーケットであっても、明日はドイツかもしれません。

★ニューファンドランド
カナダ大西洋岸の州。

そういう事態を招くわけにはいきません。でも私は厳しい立場に立たされていました。ボブはすでにニューファンドランドの現地代理店に、あと三〇日後に私の会社を切ると伝えていたのです。これこそまさに起業家的瞬間でした。「リスクを冒すとき」だったのです。私は深呼吸をしました。

「ボブ、君の立場はわかる。君から見れば合理的だよ。だから君の考えどおり進めればいい。でもそのあいだに、ヨーロッパと中東のほかの代理店にも引き継ぎの話をしたほうがいいね」

ボブは私を見て一言も言わず、ただ見つめているだけでした。私も見つめ返し、一言も発しませんでした。沈黙に包まれました。どちらが先にまばたきをするでしょうか？　どちらが最初に口を開くでしょうか？　六時間くらい経ったように思ったとき、ボブが言いました。

「ウィルソン、私の考えていることはそうじゃないとわかっているだろう。ヨーロッパや中東のほとんどの地域には私たちの代理店がないことも知っているだろう」

私は黙ったまま頷きました。やっとボブがまばたきをしました。

「僕がニューファンドランドをとり上げたら、君はミニッツメイドとのすべての契約を解消するというのかい？　そういう意味なのかい？」

私はじっと見つめながら頷きました。ボブは信じられないというように頭をゆっくり振って言いました。

「ウィルソン、ミニッツメイドを失えば、大問題になるだろう?」

私は改めて深呼吸をし、十数えて言いました。

「そうかもしれないよ、ボブ。でもそうならないかもしれない。別の冷凍オレンジジュースを調達して、ミニッツメイドを軍施設事業から追い出してしまうからね」

しんと静まり返っていました。緊張がぴんと張りつめていました。ボブは頭を振りながら言いました。

「ウィルソン、僕は信じられないよ。君はニューファンドランドのような些細なことでミニッツメイドから得ている全利益を放棄するほどバカじゃない。冗談だろう」

私は答えました。

「ボブ、すぐにわかるよ」

そう言って私は立ち上がり、ドアのほうに向かってゆっくりと歩き出しました。今にもドアにたどり着くという瞬間、ボブが叫びました。

「わかった、考え直そう」

その言葉ほど心地よい響きがあったことはありません。前日までボブと私は友人でした。飲み友達でした。でもこの日から急に、私たちの関係に特別な要素が加わりました。互いを信頼することです。私とミニッツメイドとの関係は急速に深まりました。彼らの助力を得て私は冷凍オレンジジュースをドイツの民間マーケットに売り出し、ずいぶん儲けました。

ボブ・ブレイクとのあの日は人生のなかで大変な日となりました。振り返ってみると、ドアに向かって歩いていたときに冒していたリスクにぞっとします。でもあのとき私は、彼が私を呼び戻すと確信していたので、リスクを冒しているとは感じませんでした。もちろん、呼び戻されなかったら本当にあのドアから出ていっただろうか、とは今でも考えます。

一〇〇万ドルのアイデアを試す方法

私はまだ「天才起業家」段階の新進起業家から数多くの電話をもらいます。彼らは世界を変えてしまうような製品やサービスのアイデアを持っています。アドバイスをくださいというので、時間が許せばお手伝いをしています。

数週間前、新しい製品を売るための会社を夫と共同で設立したばかりの若い女性から電話を受けました。彼女の話は私が何度も聞いたことのあるタイプのものですが、起業家の旅を始めたばかりの人たちには改めてお話しする価値があるでしょう。

■――アイデアだけでは商品にならない

二人は会社を創りました。貯金を使い、自分たちの家を第二の抵当に入れました。自分たちの製品をウォルグリーン、★1 Kマート★2のような量販店に持ち込む準備が整いました。でもどこから始めたらいいのかわかりません。私は話を聞きながら、質問しました。

「販売計画はありますか?」「いいえ」と彼女は答えました。「でも私たちはすばらしい製品を持っていますし、一目見ればみんな買うだろうと思います」「どうしてそんなことがわかるのですか？　消費者調査はしましたか?」「いいえ、でも友人たちは皆、すばらしいアイデアだから飛ぶように売れるだろうと言っています」「製品を売りに出す準備はできていますか?」私は尋ねました。「もちろんです。全財産をそこに注ぎ込んだのです。準備は完了しています。でも製品を仕入れてくれる小売店をどうやって見つけたらいいかわからないのです」

私は三〇分くらいかけて彼女と消費者のあいだに立ちはだかる障害について話しました。話し終わると彼女は言いました。「全財産を使ってしまう前に、どうして誰もそのことを教えてくれなかったんでしょう?」私は新しい製品のマーケティングについては何冊もの本が書かれていることを教えました。「知っています。二、三冊苦労して目を通しましたが、すでにマーケティングに関して全部わかっている人たちを対象に書かれたものばかりでした」彼女の言ってい

★1 ウォルグリーン
全米最大のドラックストア・チェーン。

★2 Kマート
売上高全米第二位の大手小売業。ディスカウントストアのKマートをはじめ、多くの専門店チェーンを有する。

ることが正しいことに気がつきました。「素人のためのマーケティング」と呼べるような本を一冊も思い出すことができませんでした。

ですから、新しい製品を持ってはいるがマーケティングを勉強したことはない、という人たちに向けて、プランの立て方の概要を伝えれば少しは役に立つのではないかと思いました。少なくともあなたが仕事を辞め、家屋敷を売る前に知っておくべきいくつかのことをお話ししましょう。そんなにお金はかかりませんが、創意工夫と足と度胸をたくさん使います。

新製品の発売には大変なリスクがともなうことを認識してください。コンセプトの段階で五〇〇あった製品のうち、店頭に並ぶ段階まで到達するのは一つあるかないか、だと思っています。一般消費者向けの製品では一〇〇〇のうちの一つくらいかもしれません。飛ぶように売れると友人たちが太鼓判を押すとか、すばらしい製品であるとか抜群のアイデアであるとかは関係ありません。最終段階まで到達する稀な製品になるのは、それが真の消費者ニーズに応えている場合だけです。しかもそれだけではまだ充分でないのです。細かいところまで周到に手を打ち、幸運の女神を味方につけておく必要があります。

もし二〇〇〇万ドル持っていれば話は違ってきます。今日、大企業が新製品を世に出すときにかけるコストの相場はそのくらいでしょうから。しかし自分に強い意志があるから、あるいは自分の人生をかける覚悟があるからといって何でもできるとは思わないでください。でもうまく事が運んで、幸運にも実現できたなら、信じられないほどの報酬が得られます。

■——身近にできるマーケティング手法

まず、あなたのアイデアから始めましょう。最初に知っておかなければならないことは、それが新製品を出すときの最も重要なテストに合格できるかどうかということです。私は「これは、すごい！テスト」と呼んでいます。

どんな製品でも成功するためには、マーケティング担当の人々が「この商品にしかない特性だ」と言えるものがなければなりません。つまり潜在顧客が初めてそれを見たとき、「これは、すごい！」と言わなければならないのです。もしそう言わないならあなたの製品はたぶん墓場行きです。消費者が新製品候補をユニークだと思うかどうかを確かめるために大企業は何百万ドルも費やします。あなたは何百万ドルはおろか、たった何千ドルさえも持ちあわせていないのですから、素人が自分でできるテストを教えてさしあげましょう。

このテストをする場合には製品のサンプルがなければなりません。まだ大量生産だとか完成度については心配無用です。実際に製品を作るのに費用がかかりすぎるのなら、スケッチとか図面、あるいは文章でもいいでしょう。大事なことはあなたの製品が何であるか、それをどう使えるのかを消費者がすぐ理解できることです。

さて、サンプルを少なくとも二〇人に見せてください。親や兄弟、親友ではなく、客観的に判断ができ、あなたを喜ばせるためだけにものを言ったりしない人たちです。もし大部分の人が「これは、すごい!」とか「なぜ考えつかなかったんだろう?」と言わないなら、そこで止めてください。あなたはまだ仕事に就いていますし、貯金も健全な判断力も持ちあわせています。それ以上進んではいけません。あなたの作ろうとしているモノはくだらないモノなのです。

もし大部分の人たちがさっきのセリフを言ったなら、あなたは正しい軌道に乗っています。彼らに尋ねてください。「地元の店の棚に並んでいるとしたら、あなたはいくらならこの製品を買いますか?」できるかぎり具体的な値段を言ってくれるように頼みます。

そして、次の質問に対する答えを選んでもらいます。「もしこの製品があなたの言う価格で手に入るとしたらどうでしょう?」

□ 必ず買う

□　今使っている製品の代わりとして買う

□　買わない

そして質問をつづけます。「一年で何回くらい買いますか?」「あなたは今どの製品を使っていますか?」「今使っている製品で満足していますか?」

さらにほかにもあなたが思いつくかぎり質問をして、年齢、職業、所得水準、既婚かどうかなどを、各人に尋ねます。その一つ一つの答えは丁寧に記録しておきます。あなたが聞きたいと思っている答えではなく正しい答えを得るということがどんなに重要かを、説明しつくすことはできません。答えの信頼性を確かめるには、その製品について肯定的な回答をした人に、あなたの製品に投資したいかどうか聞いてみればいいのです。全員がノーと言ったり口ごもったりしたら、たぶん嘘を言っていますし、あなたの製品は駄目だと思ったほうがいいでしょう。

さて、すべての質問票を持ってきてそのデータを一覧表にします。どうやったらいいかわからないのなら、コンピュータを持っている一五歳の子供を見つけなさい。まず、その製品がいくらで売れるかを知りたいのです。その答えを得るためには「いくらなら買いますか?」の質問のところを見ます。回答された値段の上位一〇%と下位一〇%をそれぞれ切り捨て、残りの回答の平均値を出します。あなたがその値段を気に入っても気に入らなくても、それが消費者が製品の価値だと値踏みしたおおよその額なのです。これを値頃価格と呼びましょう。

ここから小売店が求めるマークアップ★1のおおよその金額を差し引かなければなりません。あなたの製品が食品や飲料や家庭用洗剤であるなら値頃（小売）価格の二五％前後、家庭用品や化粧品、ヘアケア、ボディーケア用品であれば三五％、通常、金物屋とか専門店で売られているものなら四〇％です。パーセンテージには幅があるものなのでもっと正確な情報を得るためには、地元の店を何軒か回ってあなたの製品のカテゴリーの標準的なマークアップ率★2を尋ねなければなりません。それから店に売るためにかかるコストを小売価格の約一五％、広告にもう一五％引きます。倉庫代と物流費に一〇％、経営費用に五％、そして利子とか自分のサラリーなど種々雑多なものに五％引かねばなりません。

繰り返しますが、これらのパーセンテージはすべて製品のカテゴリーによって異なります。ですからできるだけ正確な数字を得るようにしてください。同種の製品のビジネスに携わっている人にこれらのコストの内訳を教えてくれるように頼むのも一つの方法です。とっとと消え

★1 マークアップ
小売価格と仕入価格の差額。

★2 マークアップ率
値入率。商品の小売価格と仕入価格の差額の小売価格に対する比率。

うせろと言われたり、電話を切られてしまうかもしれませんが、やってみる価値はあります。これらすべての金額を引いたあとに、残った金額が製造原価と利益です。もし残っていれば、の話ですが。その製品を製造するのにかかりそうな費用とこの金額を比べて、ゴー・サインを出すか出さないか決めます。

ゴー・サインが出せたとすると、次に知るべきことは、その種の製品を買う人のうち、何%の人があなたの製品を買うかということです。ですから「あなたは買いますか?」の質問に戻って、「必ず買う」を全部と「たぶん買う」のうちの五〇%をとってみます。この答えを「購買意向」と呼びましょう。これらの合計が全回答の五〇%以上であれば、戦って勝つチャンスが少しあります。六五%ならまあまあで、八五%以上であれば最高です。もし五〇%以下であれば、すべてを忘れることです。中止です。今まで唯一かかったコストは足だけ、やめるにしてもほとんどコストがかかりません。

■――いよいよテスト販売

出てきた数字がよさそうに見え、先に進もうという決心が変わっていないなら、深呼吸してください。これからお金がかかりはじめるにもかかわらず、収入からは、まだまだ遠いところにいるのですから。調査結果がよかろうとも、調査結果があなたの製品の成功を保証するなどと信じ込んだりしないようにしてください。ほとんど確実と言っていいほど、成功を保証するものではありません。それでも、もしあなたの得た回答と数字がかなりいいものであれば、あなたが正しい軌道に乗っているとも考えられるので、慎重ではありつつも楽観的になっていいでしょう。

次の段階を私は「ループ・ゴールドバーグ・テスト」と呼びます。このテストはちょっと間にあわせのやり方ですが、ちゃんと目的を果たします。始めるにあたって、あなたの製品を多少でも用意しなければなりません。工場を建てたり何千個も部品を買ったりする心配はまだ早すぎますが、とにかく誰かに製品を製造してもらう必要があります。自分で作れれば、そのほうがいいでしょう。少量であるために一個当たりのコストが高くつき、べらぼうな値段になるかもしれません。でもこの時点ではそんなに重要なことではありません。また当然のことながら、大衆にアピールできるようなパッケージを作らなければなりません。

そのためには、負担できればの話ですが広告代理店の力が必要です。ほとんどの広告代理店にはデザイン部門があり、顧客が利用できるようになっています。あなたの製品を見せて、将来拡大するビジネスと引き替えに、彼らのクリエイティビティによって力を貸してくれるよう頼んでください。ループ・ゴールドバーグ・テストをするには、五軒以上の小売販売店に少量でも陳列ができるように、パッケージで包装した完成品を用意しなければなりません。

さて営業に出かけるときがきました。自宅の近所にある個人経営の店に行き、あなたが世界一すごい製品を開発したことをオーナーに話し、店に陳列してもらえるかどうか聞いてごらんなさい。ただし製品は無償で提供します。それが協力してもいいかなと思う誘因になるでしょうから。定価は先ほど得られた値頃価格です。これらすべての目的は、あなたの製品と同じような製品を買う一〇〇人の顧客のうち、何人があなたの製品を買うかを明らかにすることです。つまりその製品がマーケット全体に占めるシェアを求めているのです。

このテストの準備は容易ではありません。まずはじめに、ほとんどの店舗のオーナーはあなたを変わり者だと思うでしょう。でも彼らは店のオーナー、つまり起業家であることを思い出してください。もちろんたくさんの「ノー」にぶつかりますが諦めずにつづけてください。

このテストが終わるとマーケットシェアのだいたいの見当がつくでしょう。もちろんテレビやラジオや新聞に広告は出しませんでしたが、あなたの製品が陳列されたことはそれに匹敵するくらいすごいことでした。それに、テストは二〇〇万ドルもかかりませんでした。

帰る前に、親切な店のオーナーに、あなたの製品の売上とその店で最も売上の悪い競合品とを比べてもらいなさい。もしあなたの売上のほうが悪いなら、あなたのビジネスはたぶん失敗です。最も売上の悪い製品よりさらに売上の悪い製品を買う商売人はいないというのが常識です。逆に、あなたの製品が最も売上のいい製品よりもよく売れるというのなら、あなたはたぶん成功するでしょう。

いずれの場合でも真実の瞬間がやってきます。あなたの売上実績を踏まえて、この商品をこれからも店に置いてくれるかどうか、オーナーに尋ねてみてください。もし五人のうち三人がイエスと答えたら私に電話をください。いっしょにお祝いしましょう。

テストを終え、あなたはすでに、「もしも……」ゲームをするための充分な情報を持っています。家へ帰ってコンピュータを持っている一五歳の子供を見つける前に、その種の製品の全国的な市場規模を知らねばなりません。同種の製造業者の組合に電話をかければ、情報を得ることができます。あるいは先に広告会社を使ったなら彼らに調べてもらいなさい。もし全部駄目だったら地元の販売業者に電話をしてごらんなさい。彼らは何でも知っています。

さて、数字と取り組みます。もし、テスト期間中に五つの小売店で同種の製品がいろいろ合わせて一〇〇個売れていたとします。そのうちの一〇個があなたのものであるとすると、もしそれを全国販売すればそのカテゴリーの市場全体の一〇％のシェアをとれるはずだ、と考える一定の根拠になります。もちろんもし一個しか売れなかったら一％ということになります。そのカテゴリー製品の市場規模、つまり全国総売上高に、テストで得られたパーセンテージを当てはめることによって、もし製品が全国販売されればどのくらいの売上高になるか見込み値を算出することができます。

シェアのパーセンテージはどんな規模のマーケットにも適用でき、もちろんあなたの町にも当てはまります。売上高見込みを出すには、全国市場に占めるその町の市場規模の割合を調べさえすればいいのです。その数字は地元の新聞に聞けば快く教えてくれます。数字からいろいろ楽しむことができます。あなたの製品が市場でうまくいくかどうかの見当がつきます。

どんなカテゴリーの製品にも一般的な法則が当てはまります。たとえば、あなたの製品が食品スーパー向けであって国内売上高見込みが年間二〇〇〇万ドル（約二〇億円）より少なければ問題です。たぶんあなたは取引を継続することができないでしょう。つまりその程度の売上高ではスーパーの棚にスペースを確保できない恐れがあるからです。それだけではありません。二〇〇〇万ドルの一五％は三〇〇万ドルで、これは広告や販促活動に必要な額に少し届かないのです。同様に、国内販売網を維持する費用として一五％が必要でしょう。この三〇〇万ドルも充分な金額ではありません。ブローカーや販売代理業者に一〇〇～二〇〇万ドル（製品によって異なる）支払わねばならず、その残りを、社内の営業用に充てなければならないのですから。もしあなたの製品がＫマートとか百貨店で売るような専門品であれば必要な年間売上高はずっと少なく、三〇〇万ドルとか四〇〇万ドルという少額でいいでしょう。でも売上高が小さければ小さいほどブローカーや販売代理業者に対する手数料を高くせざるをえないので、利益や給料を含め、残りの費用に充てる金額はますます少なくなってしまいます。

■——全財産を注ぎ込む前に

あなたはまだ成功から一〇〇〇マイルも離れています。が、あなたの製品が消費者のニーズに応えているという証拠があり、見込めるマーケットシェアの数字もおおよその見当がついています。ここまですべてが順調に見えれば、おそらく次のステップに進んでもいいでしょう。ただしここからはプロの手を借りるべきです。

全国新発売計画を含めたマーケティング計画を立てる人が必要です。あなたの製品と似たような製品の販売経験がある人を見つけてください。知っている人がいなければイエローページ★

を見てください。あなたの町に見つからないときは、最も近くの大都市のものを見てください。それも駄目ならマーケティング関係の出版物の一つに広告を載せるか、あるいは広告代理店二、三社に電話をして誰かを紹介してもらってください。同種の製品メーカーを定年退職したマーケティング部門の重役が理想的でしょう。

ぴったりの人物が見つかったら、給料をきちっと決めるために交渉しなさい。たぶん意外に少ない金額で済むでしょう。そのマーケティングの専門家はあなたのアンケート調査とルーブ・ゴールドバーグ・テストの結果を検討します。その情報と手に入るかぎりのほかの情報をもとに専門家は、何に、いつ、いくら資金が必要か、あなたの製品の適切な新発売展開のスピードを教えてくれます。

競争相手を分析することによって、マーケットを一つずつ順番に攻めていく方法が採れるかどうか（これがベストの方法です。最初のマーケットからの収益を次のマーケットのための資金に回すことができますから）も示してくれます。発売計画のなかで、広告と販売促進にどんな種類、どんな規模のメディアを用いるかを決めるので、当初必要な費用を算定できます。マーケティングの専門家の力を借りれば、販売予測数値と必要資金額を含む全事業計画を策定することができます。

★イエローページ
職業別電話帳。タウンページに相当。

マーケティング計画と事業計画が完成したら、再びゴー・サインかそうでないかを判定すべきです。もしゴー・サインを出せなければひどく落ち込むでしょうし、預金口座の残高も少し落ち込んでいるでしょう。でもまだ職に就いていますし、次のアイデアが再びあなたを奮い立たせるまで、しばらくひと休みして落ち込む場所もあります。もしゴー・サインが出れば、私はあなたを哀れむと同時に羨みもします。真実の瞬間はすぐ手の届くところにあるのですから。

いよいよ、資金を集めるときです。ずっと昔から起業家たちは資金問題にぶつかってきました。あなたも例外ではないと思います。でもあなたは、競合商品に対抗して売れると証明された商品を一〇〇％所有しており、最終結果を示す材料も持っています。専門家が作成したマーケティング計画も推進方針を明示した事業計画もあり、一種の予想利益を算出することができます。つまり下調べが終わったのです。

確かにプロの手によるものほどではないかもしれません。しかし投資家に暗闇で銃射撃をしてくれと頼んでいるわけではありません。霧のなかで射撃するようなものかもしれませんが、真っ暗闇でしょうか。そんなことはありません。

資金調達はできるだけ自宅の近くで、独力で始めなさい。自分の全財産を投入する気がなければなりません。家族全員に投資するよう頼みなさい。結局のところあなたは子々孫々に継がれる新たな名家を築こうとしているのですから。もしあなたがそこまで入れ込む気がないのなら、投資してくれる人たちを探すのは難しいに決まっています。投資家は、余っているお金を投資するのでしょうが、あなたには全財産を投資して退路を断ってもらいたいと考えます。これは容易なことではありませんから、今までに感じたことのないフラストレーションを覚えるでしょう。でも自分のすべてを注ぎ込む気なら、いっしょに羽ばたいてくれる人が見つかる見込みがあります。

計画全体を実行するのに充分な資金が得られない場合には、まずは最初のマーケットで発売しはじめることで満足してください。あなたがマーケティング計画を実行していくにつれ、事がうまく運ぶようになります。創業資金を調達できたとき、ようやく仕事を辞め、自宅と全財産を売るときがきたのです。

最後にちょっとしたアドバイスです。スーパーマーケットやデパートの通路を歩きながら棚に並ぶいろいろな製品を見るとき、ちょっと立ち止まって考えてください。かつて、ずっと前に、ちょうどあなたのように、同じ状況に直面した人がいました。名前はハインツとか、プロクターとか、ギャンブルとか、グッドイヤーだったかもしれません。時が経っていつの日か、その人物はあなただったということになるのです。楽しんでください。成功を祈ります。

世界最高の顧客をつかむ

急成長企業を経営している起業家たちは間違いなくこの世で最高の顧客です。ほとんどの大企業が、最大かつ最も収益の上がる起業家マーケットを無視しつづけているということに呆然とさせられます。大企業は、いつ目を覚まし、態度を改めて現実の危機を直視し、将来を保証してくれる唯一の顧客に目を向けなければ生き残れないことに気づくのでしょうか。

改めてこのことを言わせてください。起業家マーケットは小規模企業マーケットと同じではないことを証明する明白な証拠が大量にあります。しかし大企業はその二つをずっと混同しているのです。

■——起業家の購買習性

成長している会社には独特のニーズがあります。活気ある会社を経営している起業家にとっての最大の悩みの一つは、設備を新しくするために成長を止めざるをえないという問題です。そのような悲劇を防ぐ唯一の方法は、成長を見込んで計画することで、必然的に多めに買っておくことを意味します。私は、より大きなコンピュータ、よりよい電話システム、より広い事務所スペース、そして将来必要になると予想されるものを買わない起業家に出会ったことはありません。

もうできあがってしまった大企業にとって、起業家の成長計画に加わるチャンスを得ることはなんとすばらしいことでしょうか。彼らの経営資源のすべてをもってすれば起業家との積極的なパートナーになることができるし、またなるべきなのです。そうすればなんという有益な関係が築かれることでしょうか。そのような先見の明を持った大企業にとってリターンは巨額なものとなるでしょう。

もしすべての大企業にとって収益が原動力であるなら、どうして起業家マーケットを、地球上で唯一の価格だけがすべてではないマーケットとして見ることができないのでしょう。起業家は問題解決を求めているだけで、何かが入った安物の箱を買おうとしているのではありません。もちろんほかに考慮すべきことがないなら、価格勝負の世界になります。うまく型にはめれば確実に入札価格をつり上げることもできます。しかしできるだけ安く購入するには時間がかかり、時間とは起業家にとって決定的に不足しているものなのです。大企業の場合は違います。彼らにはいつも決まって仕入れの意思決定をする専門家がついています。値切って購入するのが彼らの習性なのです。でも起業家はそんなことはしません。

結局、この話は大きな真実と大企業への力強いメッセージに集約されます。起業家といっしょに仕事をすれば、大企業に販売するより利益が出るというものです。ビジネスの第一のターゲットは、年一五％以上で成長している一五〇〇万の会社であるべきです。

■――起業家への手紙

少し前にAT&Tゼネラル・ビジネス・システムの副社長であるボブ・フォカツィオと、この話題を少し広げた形で意見を交わしました。彼は強く興味を惹かれ、このアイデアにのりました。最初の質問はこうです。「どうすれば彼らを探し出せるだろう？」私は答えました。

「シンプルに考えよう。まずはじめに各地の支店マネージャーに彼らの市にいる一〇〇人の起業家を見つけるよう頼むのです。インク五〇〇社と一〇〇社のリストが載っている『インク』

のバックナンバーで探すのを手伝ってあげることもできます。また、地元の新聞のバックナンバーを調べてアントレプレナー・オブ・ザ・イヤーの候補者全員を見つけ出すという方法もある」

「オーケー。それなら簡単そうだね。そのあとどうすればいいだろう？」私は答えました。

「一人一人に手紙を書いて君の気持ちを伝えたらどうだろう？」と。彼はそのとおりにしました。ここに手紙があります。

親愛なる○○○○へ

一人の経営者として、同じ経営者のみなさまと、いっしょに考えてみたいことがあります。

過去二年間、私たちはアメリカ株式会社についての調査にかなり多くの時間を割いてきました。調査結果に、起業家によって経営されている比較的少数の急成長企業が、ここ一○年間のアメリカの経済成長すべてを実質的に担ってきたということを発見し、私たちは驚いています。私たちは貴社がその点火装置の一つであると認識しております。

ぜひあなたにお会いしたいと思っております。箱を売りつけたり、しつこいセールスをするつもりはありません。将来の計画について話しあい、AT&Tの技術や経営資源を利用して、会社の成長を支援したり、成長カーブの先に備えたり、事業を拡張するために業務を一時停止せずに済むようできないか、判断するためです。

このために、○○支店マネージャー○○○○に、あなたに個人的に電話をかけるよう頼んでいます。彼と何分かでも会って、よろしければ昼食でもごいっしょさせていただき、お近づきになれることを期待しております。実際○○○○にご自身と貴社の四半期の最新状況を知らせるよう頼みました。

私たちの貴社への関心は本物だということを個人的にお伝えしたいのです。AT&Tの将来は、貴殿をはじめとした起業家の方々と連携する能力にかかっていると信じています。貴社固有の問題や具体的なニーズに速やかに対応する能力にかかっています。私たちは貴社の問題解決のために献身すると誓います。

ちなみに、私は○月○日に××市にいます。起業家のための朝食会のホスト役なのです。『インク』の前発行人であり、サクセス誌のコラムニストでもあるウィルソン・ハーレル氏が講演をいたします。どうぞお越しください。心からご招待いたします。
お会いできるのを楽しみにしております。

心をこめて　ボブ・フォカツィオ

ボブ・フォカツィオはＡＴ＆Ｔの重役で第三のマーケットが見えており、行動を起こしています。彼は歯を食いしばってでも事に当たります。

この国中で大企業が起業家マーケットの真の姿を理解しはじめたらどうなるのでしょう？突然、大企業が経営資源のかなりの部分を起業家と起業家に特有の問題解決に投入したら、わが国の経済成長にどんな奇跡が起こるでしょうか？　そしてだれが恩恵を受けるのでしょうか？　全員です。収益が急増し、株価が上がり、失業が減ります。そして忘れてはいけないことは、起業家がついにアメリカ経済の英雄として、正当な地位を占めるようになるということです。

必要な人材を確保する

経営管理能力のある人材の獲得にあたって、大企業との競合を心配する必要はありません。あなたが必要とする人材を彼らは雇わないからです。

中小企業のオーナーたちが、営業部門と経営管理部門の人材を大企業と争って獲得するには自分たちの能力が足りないと、余計な心配をしていることを発見しました。実は競争などあるべきではありません。起業家は、大企業志望の人たちの採用は一切、考慮に入れなくていいでしょう。

起業家に必要な従業員は競走馬です。物事を起こす力のある軍馬が必要です。独創的で革新的、「不可能」という言葉の意味がわからない人たちが必要なのです。気力があり余っている仕事中毒であればプラスになるし、睡眠を必要としない人であればなおさらにいいのです。

しかし何よりも、旧来の手段に従うことが好きだったり、追求するスリルより安全性を大切にする人たちであってはならないのです。

当然、競走馬とは大企業の気を動転させたり、逆に大企業に勤めたら頭がおかしくなってしまうような従業員です。そのような人たちは、巨大な官僚的組織に閉じこめられてはいません。官僚的組織は彼らのいるべき場所ではないのです。

最近、あるセミナーに出席したときのことですが、大企業の重役の講演者が「会社に損害を与える行動を、一個人が絶対にとれないようにするため、大企業は必要な規則を確立しなければならない」と強調していました。

彼はまったくもって正しいのです。大企業は、競争馬たちが競技で負ける危険を大変問題視しているのです。彼らの経営哲学を考えれば、彼らには規則や規制、会社のマニュアルを気持ちよく受け入れ、命令を聞き、規則に従って行動し、組織化された環境に順応できる人たちが必要なのです。私は彼らを「ラバ」★と呼んでいます。

急成長している会社を駄目にしたいのなら、ラバの飼育係を雇って競走馬たちを管理させさえすればいいのです。私は一度やってしまったのでわかります。そうやって、すばらしい会社をつぶしてしまいました。

★ラバ
雄ロバと雌馬の雑種。

その会社はフォーミュラ409でした。一九七〇年のことです。競走馬のチームをまとめて、結構うまくレースを繰り広げていました。信じられない困難をものともせず、フォーミュラ409★1を全国的に売り出し、プロクター&ギャンブル、コルゲート・パルモリブ★2、ブリストル・マイヤーズ★3をはじめ、消費財におけるほかの巨大企業の活力を失わせました。

当時、私たちはどんどん儲かっており、どんな仕事の最中でも楽しかったものです。成功するたびにオフィスは大騒ぎでした。何かにかこつけては、どんちゃん騒ぎをしました。会社は活気に満ち、幸せでした。しかし私はその状態をうまく保っておけませんでした。起業家特有の病気にかかってしまったのです。

病気の症状はどの成功した起業家にも馴染み深いものです。すばらしい会社を創ると、次のゼネラル・モーターズになろうと考えはじめます。優れた組織やプロの経営管理部門を持った巨大企業に目が釘づけになります。私自身の場合は、彼らに魅了されるあまり、自分と会社のための経営改善プログラムを始めることにしました。ビジネスセミナーが開催されるたびに参

★1 フォーミュラ409
家庭用スプレー洗剤。

★2 コルゲート・パルモリブ
消費者製品を世界中で製造・販売。練り歯磨き、歯ブラシ、洗剤、シャンプー、ベビー製品などを扱う。

★3 ブリストル・マイヤーズ
医薬品、栄養食品、医療機器、家庭用品事業を世界的に展開する。

加するようになり、ハーバード・ビジネススクールの上級経営管理プログラムにまで参加したのです。私にとってはすばらしく貴重な経験になったのですが、私の病気は少しも治りませんでした。それどころか、事業の運営方法を改めて、プロの経営者に変わる必要があるという信念をさらに深めてしまったのです。

それで私は運営方法を改善するためにコンサルタントを何人か雇いました。たとえば著名な人事の専門家を雇い、会社の営業組織の評価をしてもらいました。国中を回って競走馬たちと面接したあとで、彼はこう報告してきました。

「ウィルソン、あなたがいまだに事業をつづけていられるのは幸運ですよ。この会社の営業組織はめちゃくちゃです。営業マンは規律を欠いていて、プロとしての自覚がありません。全員を交代させることをお勧めします」

さらに、今すぐ販売と宣伝について全権限を持つマーケティング担当副社長を雇うようにアドバイスしてくれました。私たちはプロの集団にならなければならないと信じていたので、まぬけなことに彼のすべての提案に同意したのです。

そのコンサルタントの力を借りて、フォーチュン五〇〇社のある会社からマーケティング担当副社長を引き抜きました。私より少し高い給料で競走馬に関するすべての責任を彼に与えました。最初の営業会議のあと、彼は言いました。「ウィルソン、あんなはみ出し者や一匹狼たちのチームをあなたがどうやって率いてきたのかわからないよ」

彼はコンサルタントといっしょに、競走馬たちを大企業のラバたちに交代させていきました。仲よくいっしょに仕事をしてきた人たちを失うので、もちろん悲しかったのですが、干渉しませんでした。成長をつづけるためにはプロの経営管理が必要だと信じていましたし、そのためにプロの経営者を入れたのです。私の役目は深く座って権限を委譲し、プロに仕事を任せることでした。

■——私の失敗

彼らが仕事をしたのは確かです。小さいながらも私の会社は少しずつミニ大企業の様相を呈しはじめ、行動パターンも似てきました。私たちが持っていたエネルギーや自発性や創造性のひらめきが失われてきました。かつて私たちはいつも革新的なマーケティング計画を誇ってきました。ところが新しいプランは面白くもなんともないものになりました。革新的、独創的なプランがなくなったのは言うまでもありません。廊下にはもう大騒ぎが聞こえません。大騒ぎをする理由がなくなったのです。

また恐ろしいことに、プロのマネージャーはバーボンとかスコッチウィスキー、ビールさえも好まないことを発見しました。★ 彼らはマティーニかワインを一杯飲むだけです。まあ、これはこれでいいとしましょう。問題はフォーミュラ409がマーケットシェアを失いはじめたことです。

プロの経営者の言い分では、すべての問題は代理販売業者の責任だというのです。彼らとは以前からすばらしい関係をつづけていたのですが、今やうまくいかないことがすべて代理販売業者のせいになってしまっています。代理販売業者は私に電話をしてきて聞きます。「ウィルソン、どうしたんだい。あのまぬけな人たちは誰なんだい。409の人たちに一体全体、何が起こったんだ」

私たちは非常に困っていました。マーケットにおける地位は失墜していたのです。P&Gかコルゲートが409にまた襲いかかることを決定すれば、神頼みするしかありません。対抗できる組織も人もいませんでした。私が慎重に創り上げたものが、みるみるうちに駄目になっていくのがわかりました。競走馬たちを取り戻し、ラバを彼らの本来の居場所へ追いやるためだ

★ 当時はスコッチかバーボンなど何種類か飲む人がほとんどだった。

ったら私は何でも手放したでしょう。でも私に何ができたでしょうか？　全員を解雇する？　そうすることさえ手遅れでした。

そのとき、幸運がやってきました。クロロックス社★が絶好のタイミングで、フォーミュラ409を現金七〇〇万ドルで買収すると持ちかけてきたのです。私はそのお金をつかんで銀行へ直行し、そして大きく安堵のため息をついたのです。

今振り返ってみると、私は自分の犯した過ちを後悔しています。でも、雇い入れたプロのマネージャーたちを責めたりはしません。彼らは才能豊かな人たちでしたが、間違った会社に来てしまったのです。その後、皆すばらしい活躍をしています。マーケティング担当副社長はある消費財の大企業の社長になりました。フォーミュラ409の製造責任者は国際的な広告代理店のヨーロッパ支部長になりました。ほかの人たちも同じように活躍しています。

そうです。責任はすべて私にあります。私は教訓を得ました。ラバを雇うよりラバと競争するほうがずっと楽しいのです。

★クロロックス社
雑貨店、小売店などで販売される消費者製品の開発・製造・販売を中心に行う。

日本の時代

ビジネスリーダーの集まりに行くたびに、私は最後には衝突してしまいます。おきまりのように話題が日本に移って、いかに日本がアメリカを「こてんぱんにやっつけているか」という話のときに衝突が始まるのです。

彼らの有能さ、製造技術、労働習慣、いかに経営者が労働者から多くを学びとっているかについて、誰かの雄弁に耳を傾けます。充分に聞いたあと、私はこんなふうにしゃべりはじめます。

「もし日本が上場株だとしたら、私は現在値で売って一〇年後に買い戻す先物取引をして莫大な利益を得ますね」

皆あっけにとられて沈黙しますが、すぐに「あなたはバカです。一〇年後、日本は世界のもう半分を手に入れるでしょう」と反論されます。日本企業に対する政府の保護政策の話をしてくれます。独占禁止法を尻目に、いかに日本企業がグルになっているかや、家族的な労働組合のおかげで労働力が安く上がっていいて有利なことについてです。私は頷きます。前にも聞いたことですから。アメリカだけでなく日本でも、ドイツ、イギリスそしてほとんどの先進国で聞きました。彼らの言っていることは本当です。しかし、それは現在の話で、私は将来のことを言っているのです。

今後一〇年のあいだに日本は世界のなかで徐々に重要でなくなってくると思います。しばらくは順調に進むでしょう。しかし、ナマズが泥を吸い込むのと同じくらい確実に、日本は恐竜化する運命に向かってまっしぐらに進んでいます。

一つ納得のいく理由があります。ご存知のように日本には起業家がいません。私にはこれからも生まれてくる可能性があるとは思えません。彼らの文化と起業家は対立するからです。円で買えないものはほとんどありませんが、起業家精神は買えません。起業家がいなければ経済力を強化したり維持したり、とにかく何もできません。

これまで日本がうまくやってこれたのは、私たちの創意工夫を輸入し、もっとうまく作り、逆に私たちに売ってきたおかげです。私たちがまったくのまぬけでないかぎり、そんなことはつづかないでしょう。事実、私たちは目を覚ましつつあります。起業家精神を欠く者の砦であるフォーチュン五〇〇社の大部分は、規模を縮小しています。つまり、どんどん起業家にアウトソーシングしているのです。アメリカに起業家が復活した今、日本はおちおちしてはいられません。

■――本当の敵はアメリカにいた

この件に関して、かなり腹立たしい思いを抱いているのは確かです。日本人に対してではありません。日本人はただ機に乗じたに過ぎません。責められるべきは、アメリカ株式会社の重役たちです。労働組合のボスたちがアメリカの労働力を奪うことを許してしまったのです。重役たちは、経営者層と生産現場の人たちとのあいだに、わざわざ誰かを入れることを容認してしまったのです。アメリカの労働者はうまみを求めて会社ではなく組合に頼るようになりました。その結果は歴史のとおりです。

より高い賃金、より厚い福利厚生、より短い労働時間、など。これらすべてが生産性や製品の質の向上を無視して行われました。私たちは、がらくたをぞんざいに作るようになり、善良な顧客に売りつけていたのです。さらに別の要素もつけ加えました。経営者たちが自分たちの成果にまったく関係なく、異常に高額なサラリーとボーナスを自ら受け取るようになったのです。

だれがツケを支払ったのでしょう？　もちろん顧客です。だれがビジネスを手に入れたのでしょう？　日本人をはじめ、ドイツ人、韓国人など私たちとは異なったルールで生きている人たち全部です。私たちは自分たちのバカさかげんに嫌というほど大きな代償を支払い、いまだに払いつづけています。特に大企業は、過去の経営者が生み出した病気にいまだに悩まされています。しかし、アメリカにとって幸運なことに、起業家革命がやってきたのです。そしてそれによってトンネルの出口からは光が明るくはっきりと差しています。

■――アメリカ復活のシナリオ

私の発言に疑問がある方のために、証拠をいくつかあげてみましょう。明日の会社が成功するおもな要素は会社のエンジンを回転させるソフトウェアだ、ということは否定できない事実です。もっと掘り下げてみましょう。もし明日の朝、アメリカ製のソフトウェアの周囲を壁で囲ってみると、つまりもし私たちがこの国で開発されたどんなソフトウェアも外国に買わせないと決定したらどうなるでしょうか？　答えは簡単です。ほかの国々は経済社会から忘れ去られるでしょう。世界のソフトウェアの九五％を生み出しているのは、誰でしたか。そうです。起業家に決まっています。

新しい製品やサービスを生み出す創意工夫の源泉に立ち戻ってみれば、孤独で恐怖におびえている起業家を見出すことでしょう。私たちがすべての創造的な仕事をしたにもかかわらず、よその人々に私たちのアイデアをもっとうまく製品化させてしまったのです。

アメリカ株式会社の大企業を侵している病気は極めて感染しやすく、日本人はすでに潜行性の致命的な重症に侵されています。私たちが知っているような労働組合はないかもしれませんが、もっと悪いものかもしれません。日本企業は、労働者やその家族に対してゆりかごから墓場まで関わります。これは今日までのところはすばらしいことでした。

しかし労働者が高齢化しているにもかかわらず、日本の企業にはそのツケを支払うための蓄えがまったくありません。遅かれ早かれそれらの巨額のツケは私たちに売っている製品に加算されなければならないでしょう。今日の日本での生活費の高さが最初の徴候かもしれません。東京ではコーヒー一杯六ドルもするのです。

以上のようなことは、アメリカには競争相手がいないことを意味するのでしょうか？　違います。というのも、起業家精神は世界中で高まりつつあるからです。たとえば、日本の南のほうに、起業家を満載した小さな島があります。台湾です。今後二〇年で、台湾は日本の国民総生産額を上回ることになると私は予想しています。

理由は説明がつかないのですが、中国人は生来の起業家です。極東方面のどこへでも行きます。誰が何を経営しているか調べてみると、つねに中国人の事業家が出てきます。香港が完璧な例です。イギリス人でさえ香港の起業家たちを撲滅させられませんでした。そして、どうか中国本土が共産主義による支配を捨てることがありませんように。さもないと、世界中が起業家だらけになってしまうでしょう。

起業家精神がビジネスの問題すべてへの答えであるという私の主張はしばしば批判を浴びます。見方が一面的すぎるというのです。その点は認めます。ただ、私は自分の全存在をもって、こう信じています。「独創性」なしにビジネスは長く生き残れない、と。そして「独創性」は「自由」なしに存在しえません。「自由」は「起業家精神」と同じ意味なのです。ですから必然的に結論はこうなります。

「自由」とその申し子である「起業家精神」なしには、どんなビジネスも経済も国家も長く生き残ることはできない。

Part 3

夢を成長させる

資金を調達する

最近のことですが、バージニア州リッチモンドで講演を終えたあと、ありふれてはいますが興味深い問題を抱えた起業家に相談を持ちかけられました。

彼は、会社の新商品を売り出す資金を必要としていました。資産はすべて、「ノー」とばかり繰り返す銀行家への担保に入ってしまっていたため、何人かの投資家や、彼に言わせれば投機のハゲタカたちにあたってみたところ、誰もが経営権を握りたがってくるというのです。それで私に何か名案はないかと尋ねてきました。友達や親類全員にあたったのかと尋ねてみたところ、「義母にさえ頼みましたよ」という答えが返ってきました。彼が起業家特有の絶望に陥っていることがわかりました。私も、思い出せないほど何度もこういう目にあったものです。そこで自分がうまく切り抜けた方法をいくつか彼に紹介しました。

八〇年代初期、ある人がすばらしい新商品を二個、私に持ちかけてきました。どちらも濃縮液で、一つは普通の水道水で四倍に薄めるだけでガラスクリーナーになり、通常の四分の一の値段ですむものです。もう一つは同じように薄めると、多目的スプレー洗剤になる商品で、フォーミュラ409に似ていました。フォーミュラ409は、私が約三万ドルで購入し、全国規模に広がった六年後、約七〇〇万ドルでクロロックス社へ売り渡した商品です。私はあのときの爆発的なヒットにもう一度出会えると確信しました。

そして私たちはこの二つの商品、「4+1ガラスクリーナー」と「4+1多目的スプレー洗剤」をもって、一気に全国進出できるユニークな事業計画を作りました。唯一、足りなかったのは、必要な運転資金と、マーケット進出のための約二〇〇万ドルの広告資金でした。まず広告の問題にとりかかることが先決だと私は思いました。

■――起業家精神を発揮しよう

起業家としてあちこち行き来していたころ、私は人気テレビ番組「ボナンザ」[★1]のスターだったマイケル・ランドンとローン・グリーン[★2]に出会ったことがあります。それ以来彼らのマネージャーと親しくなり、

★1ボナンザ ウェスタンの牧場を舞台にした父子の関係を描く有名

彼らが投機の対象となる新規事業をつねに探し求めていることを知ったのです。そこで私は、マイケルとローンに広告に必要な資金、約二〇〇万ドルを負担してくれないだろうかと提案しました。その代わりに、毎月の「4＋1」の総売上収入の五％を、彼らの出資額の四倍に達するまで二人に支払いつづけようと持ちかけました。

単純なことです。二〇〇万ドルを提供して、すべてうまくいけば八〇〇万ドルが返ってくる。失敗に終わった場合でも、当時の税率からいけば投資額の八五％を損金処理できるのです。しかも税法改正によって、「4＋1」からの所得に対する翌年以降の税率は二八％にしかならないのです。

なんという取引でしょう！　二人は総売上から収入を得ることになっていたため、経営に携わる必要もなく、誰が何にいくら経費を使ったか心配する必要もありませんでした。私たちにとって最も重要な点は、これが借金ではないことでした。バランスシート上は何の影響もなく償還義務を負わずに済む資金でした。そのおかげで、私たちは銀行と通常の借入金契約を結ぶことができたのです。

資金調達の方法としては費用がかさみすぎたでしょうか？　そうかもしれません。しかし、

なテレビのショー番組。

★2 マイケル・ランドンとローン・グリーン
「ボナンザ」で父子を演じた俳優。

「4＋1」の粗利益率が高かったので、私たちは五％を負担することができたのです。ついでながら、これと同じ方法をさまざまな場面で応用すれば、事業拡大、設備投資、請求書の支払いやそのほかの業務上必要とされることがらにもうまく使うことができます。

資金は手に入り、結果的に私たちの新製品は、発売時に全国のスーパーマーケットの九〇％以上で店頭に並ぶというすばらしいスタートを切ることになります。しかし話はまだそこまでいっていません。製造資金とそのほかの運転資金がまだ不足していたのです。

■——諦めないこと

私たちの役員の一人に、ニューヨークから来た金融関係のベテランであるジョー・ヘイルブランという人物がいました。彼に問題を投げかけてみたところ、ジョーは、独創的なアイデアを考えつきました。

「売掛金担保での融資と同じように『発注書担保』でも融資してくれる銀行を探してみたらどうだろう？」「ジョー、そんな銀行はないよ」と私は言い返しました。しかし「やってみようよ」と彼が言い張るので、銀行を訪ねてみました。

ジョーのすばらしいアイデアを融資担当者に打ち明けたところ、彼は私たちを虫けらでも見るかのように見つめ、「バカバカしい」とつぶやきながら部屋を出ていってしまいました。

三日後、ジョーがこの銀行の頭取と昼食をともにする約束をとりつけたと電話をしてきました。そして頭取は私たちの話に耳を傾け、笑顔を見せて、バカバカしいと言い放ちつつ、私たちの計画に同意してくれたのです。

仕組みはこうでした。私たちは発注書を受け取ると、すぐ外部に依頼している会計士のもとに送ります。彼らは書類が本物かどうか確かめ、買い手の信用力を確認したうえで、正当な顧客からの正当な発注書であると銀行に証明します。その結果、銀行は発注書の実額の四〇％、つまり生産費と物流費用に相当する額を前貸ししてくれます。顧客に送り状を送った際には、コピーを銀行にファックスします。その時点で、私たちは正当な売掛金を担保として、さらに四〇％を手に入れます。顧客からの支払いのうち、銀行が八〇％と利子を受け取ります。残りの額を私たちが手に入れることになり、これが利益です。夢のようにうまくいきました。

この二つのアイデアを組みあわせることによって、二つの商品はテレビの力も借りて全国に広がり、請求書もすべて期限内に片づき、そのうえ利益を上げることもできました。それらすべてに私たち自身は一セントも使うことがなかったのです。そこで話が終わればよかったのにと、どんなに願ったでしょうか。

　私たちは店頭に並べた製品を売ることができませんでした。つまり、店頭でお客さんに「4＋1」を買ってもらえなかったのです。費用は約四分の一で、ライバル商品に負けないくらい申し分ないものだったのですが、試しに使ってみようという顧客がいないのです。

　テレビのコマーシャルはすばらしい出来でした。私たちのスポークスマンのアート・リンクレターは大評判でした。彼はこの事業においてはパートナーでもありました。アートと私は顔を合わせるといつも「何が悪かったんだろう」と今でもお互いに不思議がっています。たぶん永遠の謎でしょう。

　ガラスクリーナーか多目的スプレーが必要な方がいらっしゃれば、いつでも私にお知らせください。手元に在庫がほんの少しだけ残っていますから。ああ、なんということでしょうか。また一つ起業家としての経験を積んだわけです。試練の時期だったということにしておきましょう。

経営権は絶対守る

先に申し上げたとおり、現在アメリカには一五〇〇万人の起業家がいて、彼らが経営している会社は年間一五％以上の伸び率で成長しています。ということは、ありとあらゆる方法で成長のための資金を調達しようと、銀行、ベンチャーキャピタル、ウォールストリートなどを駆け回っている起業家が約一〇〇万人はいるということです。また、たいがいの起業家は、いつの日か個人投資家にも成長のための資金提供を熱心にお願いすることになります。私はそんな場面を何度も経験しているので、いくつか考え方やアイデアを紹介してみたいと思います。

最近ある起業家の方から電話をいただきました。彼は、ニッチ（市場のすきま）を見つけ出して、成功のきっかけをつかみ、とうとう決心して会社を始めたのだそうです。実際、うまくいきました。商品は売れているし、利益率が高い。猛烈な勢いで成長していました。すべては絶好調でした。ところが、資金がどんどん底をついてきました。とうとう彼は出資者を探すか、成長を減速するかという起業家特有のジレンマに直面しましたが、どちらも選択したくありません。彼は喜んで資金を提供してくれる投資家を見つけましたが、その投資家は経営権を要求してきました。彼はこの要求が気に入らなかったのですが、かといってここで成長を止めてしまったら、どこかの大企業がすぐに参入してしまい儲けのネタをとられるかもしれません。

「どうしたらいいでしょうか？」と彼は尋ねてきました。「あなたは遅かれ早かれ起業家ならみんなが直面する状態にいますよ」と私は話しました。これが「経営権か成長か」のジレンマです。私のアドバイスはあらゆる起業家の方々にしてきたアドバイスと同じです。

「経営権は絶対に放棄してはならない」

しかし、「経営権」とは変な言葉で、出資する側、される側と立場が違えば意味がまったく違ってきます。それを説明しましょう。

■──バカげた話に乗ってはいけません

まず、典型的な外部株主（投資家）の思考様式を理解してみることから始めましょう。少しでも頭を使う投資家なら、壊れていない仕組みを直そうとしたり、うまくいっている業務を変えようとしたりして、起業家の事業にかける情熱やひたむきな気持ちに水を差すことは望まないでしょう。投資家が本当に望んでいることは、自分が投資した資金を管理し、かつ大きな利益を生み出すことです。そこで、出資金を管理する一番安直な方法は、株式の五一％以上を握ることです。

しかしそうすれば、起業家をも含めたすべてを管理することになるので、もめる原因になります。たいがいの出資者は経営権を行使しないと言って起業家を説得しようとするかもしれませんが、そもそもこの経営権があって初めて起業家は会社の経営をつづけられるのですから、これはバカげた話です。投資した金額が戻ってくるまで、または予定した利益が上がるまで経営権を握りたいだけだ、と言う投資家もいることでしょう。これまたもっとバカげています。

まれなケースですが、対等の経営権を条件に、パートナーになろうと提案する投資家もいます。これも同じくらいバカげています。結果は、論争に明け暮れることになるか、弁護士を雇うことになるかのどちらかです。起業家が起業家でいられる理由はただ一つ、自由だからです。自由を諦めてしまったら、あなたは起業家であることをやめることになり、冗談にもなりません。ほかに考えられる方法について話をしましょう。

起業家が経営権のない資金を集める一番いい方法は、すでによく知っている人から集めることです。起業家に資金を託し、信頼し、ともに夢を信じてくれる人たちです。ついでに言うと、人数は多ければ多いほどいいのです。長年の経験から言えば、五一％を自分一人で所有しようとして、必要以上に悩むことはありません。重要なことは、ほかの誰も一人で五一％を所有できないようにすることです。出資者の一人一人をよく知っていて信用できるなら、合算して、自分より多くの株を保有されてもいいでしょう。自分にストックオプション★がある場合は特にそうです。これは株主数と持株比率の点で安全な選択です。もし、自分の経営判断が間違っていると株主皆が口を揃えるならば、やはりその判断は再考すべきであって、それによって判断ミスを防ぐことができます。この方法は完璧な解決策ではありませんが、誰か一人が五一％を所有して、自分の上役になるよりははるかにましです。

もう一つ別のケースを想定してみましょう。生き残るためには、どうしても追加資金が必要で、見ず知らずの外部株主（投資家）を探さざるをえないときはどうしましょう？　災難に翻弄されないように、どうか慎重にしてください。がんばって何でもやってみてください。しかし経営権は絶対に手放してはいけません。

★ストックオプション　自社株購入権。将来の行使可能期間中に自社株式を一定価格で購入する権利のことで、ベンチャー企業の役員、従業員の報酬に用いられる。

たとえば、出資者が投資元本プラス適切な投資収益を回収するまでのあいだは、利益の六〇%、七〇%、いや八〇%は諦めることに同意してください。自分のサラリーは増額しない、恋人は雇わない、ヨットは買わないといったことに同意してください。つまり投資家から集めた全資金を事業目的にだけ使うことに同意してください。こういった種類の統制を受け入れることに合意しつつ、五一%の株がいかなる一個人にも支配されないように、できることは何でもしてください。

■——経営権の保持に頭を使いなさい

あるとき、とんでもない事態に直面しました。早急に資金を準備できないと事業から手を引かねばなりません。私は投資家を見つけましたが、粘り強い男でした。胸が張り裂けるような思いで交渉しましたが、とうとう五一%の比率を諦める以外にありませんでした。同意はしました。が、私は定款を変更し、少数株主として、私が二名の役員を任命し、多数株主であるその投資家が別の二名を任命することを規定するよう認めさせました。さらにこの四人が全員合意できる五人目の役員を任命できるようにしました。

この投資家は私より多くの株を所有していました。だからなんだというのでしょう。彼は実質的な経営権は握っていなかったのです。私はどちらにも主導権がない役員会に経営報告をしていました。また、社長兼CEOとして、何年間かの業績次第で、経営権を取り戻すのに充分なストックオプションを得る交渉をしました。これはうまくいきました。結局、私が経営権を取り戻す結果となったのです。この投資家は大儲けしました。決して魅力のある取引ではありませんでしたが、自分の会社が消えてなくなるのを眺めているよりはずっとましだったのです。

おしまいに一つ。外部株主で最も望ましいのは、成功した起業家です。この人物はあなたの遭遇したような場面を経験してきているし、起業家が抱く夢も経営権についても理解しています。また起業家は最も優秀な役員になります。私の言葉を信じてください。すなわち、ほかの起業家たちは家族の次に頼りになる人たちなのです。

また、パーセンテージには何の意味もないということを覚えておいてください。経営権がすべてです。経営権を維持するためには、賢明でクリエイティブである必要があります。だからあらかじめ、準備しておかねばなりません。資金が必要になるまでじっとしていたら、あとでものすごく高くつくことになります。

起業家は皆、アイデアが浮かんだその日から資金調達を始めて、その後ずっとつづけていくべきなのです。これが起業家であるということのすべてです。ふと気づけば、その日やることを誰かに指示されていたなんていうことが、絶対に、絶対にないようにしてください。指示されるようになった人は、ここで読むのをやめてください。もう私たちの仲間ではありません。

販売力を拡げる

私は自分の起業家人生のなかで、いろいろなことを経験してきました。失敗だってあります。でもはじめから今までずっと、疑いを持ったときには、本来の自分自身に戻るようにしてきました。私はセールスマンです。あらゆる事業上の問題を切り抜ける最良の方法は、自分の解決策を売り込むことなのだと信じてきました。

会社を業績低迷から脱出させる方法は三つしかありません。①マージンを増やす、②コストを削減する、③売上を増やす、これだけです。

第一の解決策は、理論上は別として、実際は苦しい時期に実行可能な選択肢ではありません。二番目は、最高のものです。特に大企業にとっては。信じられないとおっしゃるのなら、ウォールストリート・ジャーナルをご覧になるか、最近失業した人に尋ねてみるといいでしょう。アメリカ株式会社に最も愛される掟がこれです。「業績が低迷したら業績が回復するまで、汝は従業員をクビにすること」工場設備の閉鎖、合併、整理統合、規模縮小、リストラ、早期退職勧告、出張費（特に営業部門）の削減、宣伝費や販促費の削減、そして売り込もうとやってくる者すべてに対する手数料の削減。削減がすべてを食い尽くします。これが大企業という無情な競争を繰り広げるジャングルでの掟なのです。

第三の解決策は、売上の増加です。ここで起業家であるみなさんの出番です。官僚的な大企業の怪物が何をやろうとも、彼らのやり方は間違っているに決まっていると、あなたも私もわかっています。そこで、売上を増加させるために独創的な新しい方法を探してみましょう。この分野ならお手伝いできるかもしれません。代理店、仲介業者、ブローカーと取引することです。

販売促進に努力を注ぐにあたっては、ほぼすべての起業家が第三者を利用します。この第三者をブローカー、代理業者、仲介業者と呼びますが、あなたの会社の商品やサービスを販売する際、手数料をとるのが普通です。私は、第三者である販売業者の立場は熟知しています。人生の大部分を代理業者として送ってきましたから。それでは典型的な代理店、仲介業者、ブローカーの思考様式を徹底的に調べてみましょう。

■——代理業者とのうまいつきあい方

まず代理業者は全員起業家であると念頭に置いてください。従業員が一人でも一〇〇人でもやはり起業家なのです。そして起業家は起業家が大好きです。第一の強みがこれです。一人一人の代理人と個人的な関係を確立しましょう。大企業の代理業者をしている場合、そこのCEOとこういった関係は絶対に得られません。

次に、代理業者は基本的な問題を二点抱えていることを理解してください。一つは今月どうやって賃金を支払うか、もう一つは来年どうやって生き延びるかです。

最も成功している代理業者は、取引先として大手企業をいくつか持っており、そこの手数料が月々の収入の大部分となります。この金額にはかないません。しかし代理業者と大手企業のあいだに交わされる合意は、三〇日前の通告によって消滅します。ある朝目覚めたら大口取引先の一つを瞬時に失っていた、というのが代理業者の悪夢なのです。そうするとにわかに、ほかの取引先に対しても不安が拡がり、代理店のオーナーは眠れない夜を過ごすことになります。

ここでもう一つ、あなたには強みがあります。どうすればいいのでしょう？　簡単なことです。代理業者と長期契約を交わしましょう。それはリスクをともなうでしょうか？　予期されることについて、あらかじめ双方で合意していれば大丈夫です。

■——販売力を発揮させる

代理業者を通して商品を販売する目的は、自分の正当な分け前、願わくばそれ以上を手にするということです。金額では大手企業にはかないませんから、長期契約で保証するという手段で勝負です。

私が代理店のオーナーだったら、自分の明日を保証してくれるならどんな顧客でも面倒を見ると確約しましょう。それで何か失うものがあるでしょうか？　あなたの代理業者すべてが、あなたの会社の商品を重点商品リストに並べていれば、総売上はどうなると思いますか？　正当な分け前以上の金額が手に入るのは当然だと思いませんか？

一つだけ注意してください。私は代理業者として、数え切れないほどクビにされた経験があります。正当な理由によるものはめったにありませんでした。大企業には、代理店や仲介業者との調整に当たるための地域マネージャーがいるものです。なかには優秀な人たちもおり、その人たちは出世しますが、それ以外はアメリカ株式会社のクズです。自分のカバンもろくに運べないような人物に不当な理由で取引を切られることが、起業家にとってどんなに屈辱かおわかりでしょうか。信じられないことにたいていの場合、抗議は通用しないのです。

あなたにはもう一つすばらしい強みがあります。個人的に会うこともなしに解約することは絶対にないと、起業家である代理業者を安心させてあげてはいかがでしょう。信頼関係が強くなるのではないでしょうか？　これで、あなたのカバンのなかに利益を運んできてくれるその代理業者は、あなたや、あなたの会社、あなたの商品をより大切に感じるはずではないでしょうか？　答えは「イエス」です。すぐにやってみてください。うまくいかなかったら、お電話ください。

広告ゲームに勝つ

多くの起業家が、広告代理店との関係を最も誤解し、役に立たない、間違った使い方をしています。多くの場合、広告費という科目の予算は「謎の経費」とか、ひどいときには「詐欺費」などと呼ばれることもあります。多くのＣＥＯ（小さい会社の場合は特に）が、広告代理店に騙されていると信じ込んでいます。これは悲しいことです。というのも大部分の代理店の人たちは明るく正直でひたむきなプロなのですから。

なぜ誤解が生じるのでしょうか？　一つは、成果に対する責任の問題です。たいていの販売活動は、成果を数字で測れます。しかし通常の宣伝活動においてはそうはいきません。たくさんの資金を注ぎ込んでも、利益につながるかどうか明確であることはまずないでしょう。二つ目の問題はもっと深刻です。普通の起業家は広告代理店そのものを理解しておらず、どのように仕事をいっしょに進めたらいいかわからないのです。

広告代理店とは、宣伝のためにお金を確保しようとして、ほとんどの時間をゴマすりに費す部外者と考えられがちです。広告費が増えるということは、営業部隊や商品の販促活動に充てる資金が少なくなることを意味し、社内でのつばぜり合いが確実に起こります。CEOたちがお手上げというのも無理はありません。しかしそれでは解決にはなりません。

宣伝とは、CEOが個人的に関わるべき分野です。起業家が、自分は広告は素人だからと誰かを雇い入れて会社の宣伝活動を任せてしまい、自分の責務を果たさないことほど大きな失策はありません。日常の仕事を他人に任せるのはいいのですが、広告に関する重大な意思決定は、他人ではなく絶対に、絶対にあなたが行ってください。

私は広告業界のあらゆる側面に携わってきました。広告代理店を通して、何千万ドルという広告費用を使ってきました。広告代理店を所有していたことさえあります。『インク』の代表者として、何百もの代理店と関わってきました。ここで、起業家の世界において最も複雑な問題の一つに注目してみましょう。

まずはじめに、いつ、どうして広告代理店が必要となってくるのでしょうか？　「いつ」についてては簡単です。開業したその日です。「どうして」についても明らかです。潜在顧客に対して、あなたの提供する商品やサービスがいかに必要なものか伝えなくてはならないのです。名刺から、イエローページに載せる広告や本格的なテレビキャンペーンに至るまで、あなたのメッセージをいきいきと伝える独創的なアイデアが必要となります。ここは、あなたやあなたの配偶者のような広告の素人の出番ではないのです。

■――起業家を理解する広告代理店を探す

あなたの住んでいる地域で、競合相手の業務を引き受けていない広告代理店のうち、最良で、最大手のところから当たりましょう。大きいことが必ずしもいいとはかぎりませんが、まずはここから始めます。いい広告代理店でなければ、大きくはなりません。社員の数が一人か二人の代理店は、あなたの会社の売上が急増しはじめた場合に、サポート体制が急には整わないという問題を抱えています。

代理店の大きさにおじけづかず、直接トップにぶつかっていきましょう。オーナーにのみです。とことん当たってみてください。フォーチュン五〇〇社を目指しているのだと説得してみましょう。次のことを覚えておいてください。広告代理店のオーナーの多くが起業家なのです。そして起業家は起業家が大好きです。夢を理解してくれます。

充分な広告予算があれば、大きな代理店を説得するのも朝飯前です。しかし予算がないとしましょう。今こそ独創性を発揮するときです。例をあげてみましょう。最近、画期的な製品を創り出した小さな会社のコンサルティングを引き受けました。

この会社にないものはお金でした。パッケージのデザイン、販売用セットのコピーやデザインなど、創業にあたって多くのクリエイティブな制作がどうしても必要でした。うまくいけば、すぐに広告を印刷したり、ラジオ用の脚本やテレビコマーシャル用の台本も必要になってくるでしょう。どう考えても、スタッフが充分に揃った広告代理店が必要でした。しかしお金もないし、代理店に頼むのは無理だと判断していたのです。これでいいのでしょうか?

私たちは、ある著名な広告代理店のオーナーたちと会いました。オーナー側は、商品も人物も気に入ってくれました。ミーティングが終了したときには、未来に賭けてくれる代理店を手中にしていました。代理店のクリエイティブ部門が請け負う仕事については、前払金なしで行ってくれることになりました。ホームランです。どうしたと思われますか? 簡単です。売上から分割払いしていく長期契約を結んだのです。すばらしい代理店を手に入れただけでなく、強い協力体制が得られたことを確信しました。皆万々歳です。広告代理店の悪夢中の悪夢は、契約を結んだあとで解約されることです。そこで、お金と保証を交換したのです。

さらに話を進めて、通常、代理店の主要な窓口となるアカウント・エグゼクティブ（広告代理店の営業担当者、以下AE）について触れてみましょう。

あなたのAEに誰が任命されるかは極めて重要です。ふさわしくない人物があなたの担当になってしまったら、勝ち残る道は閉ざされることになるでしょう。AEの職務内容説明書には、あなたの要求すべてについて、代理店内の適任者との調整にあたる義務があると記載されています。そのほかにも次のような職務があります。①あなたとの契約を継続させること、②あなたの広告予算を増額させること。AEはあなたに対しても、代理店の人々に対しても政治的な動きをします。代理店が差し出す最良のAEを手に入れることが重要なのです。

賢明なみなさんに一つ助言しておきましょう。役職の高い人間を手に入れようとしてはいけません。広告代理店もほかの会社と同じで、トップ・マネジメントは仕事が多すぎて困っているものです。つまりあなたが必要なときに、必要なだけ時間がとれないということです。

一方、どこかの二世やオーナーの義理の兄弟か誰かをごまかして押しつけようとする場合は、別の人を出してくるまで、CEOとして年季の入った睨みをきかせましょう。あなたが望む人物は聡明で代理店をよくわかっている人、そしてほかに五〇件の契約を抱え込んだりしていない人です。この人だと思う人物を差し出してくるまで睨みをきかせつづけましょう。

ＡＥが満足のいく人物であれば、あなたの会社内でつねに優れた策略を立てられるようＡＥを助けましょう。代理店側があなたやあなたの周りにいるキーパーソンについてわかってくればくるほど、うまく機能します。ＡＥとともに過ごす時間を作ることを重役陣に勧めましょう。

それではクリエイティブ部門に移りましょう。

あなたはこの部門に携わる人たちを難なく見分けることができるでしょう。ノーマルに見える人はめったにいませんから。髪の毛を腰のあたりまで伸ばしていたり（男性であっても）、クルーカットだったり（女性であっても）、不思議な格好の人に出会っても驚いてはいけません。逆にあなたが自分の会社で雇いそうな人物と少しでも似ていたら、人選を間違っている可能性が高いと言えます。彼らには虫けら扱いされるかもしれないと覚悟してください。ゴマすりなんて、よく知らないのです。あなたのアイデアが鼻で笑われても気を悪くしてはいけません。

代理店側がクリエイティブ部門の人間を表に出そうとしないときは、会わせてもらえるように強く言ってください。彼らに会うことができれば楽しい一時を過ごせるし、もっと重要なことは、そもそも代理店に依頼した主要な理由の一つは、彼らがいるからなのですから。クリエイティブ部門に携わっている人たちに、目の前で仕事を見せてもらいましょう。

あなたが探しているものは新鮮で、一風変わっていて、突飛であるとさえ思えるようなものです。あなたが受けてきたアドバイスに反することですが、実用的で堅実で独創的なアイデアを探しているわけではありません。想像力をかきたてるようなわくわくする新しいアイデアを探しているのです。たとえ力作でもすでに過去のものとなった陳腐なコピーはいりません。また、あなたを喜ばせるための制作はさらに願い下げです。

■――手数料なんてぶっとばせ

おもな登場人物から何を期待したらいいかについては、おわかりになったことでしょう。それでは、金銭的な取り決めについて話を進めましょう。

代理店のおもな収入源は、雑誌、新聞、テレビ、ラジオ、広告看板などに顧客の広告を出すことによって受け取る一五%の手数料です。このシステムは遠い昔からつづいてきていますが、確かに広告代理店だけがメディアのスペースや時間を買っていたころには理にかなっていました。しかしこれは遠い昔の話です。現在では、億単位でメディアを買うメディア買取会社が存在します。多くの広告主の購買力を合わせることによって、また長期契約を結ぶことによって、メディア買取会社を利用してかなりの節約をすることができます。

いまだに独自でメディアのスペースどりを行っている、とりわけ大規模な広告代理店はあっても、メディア買取会社に購入を任せるほうがずっと経済的で効率がいいのです。代理店は広告を出すという仕事をそっくり、もっと安く上手にこなしてくれるメディア買取会社に任せることもできるのだから、代理店に一五％の手数料を払うのは何か変だと思いませんか？

この料金体系には、もう一つ問題があります。手数料が代理店のおもな収入源であるとすると、どれくらいの広告スペースを買うかについて、あなたと利害が相反することになりませんか？　同じ広告やコマーシャルを何度も何度も使うほうが代理店は儲かることになるので、そのためにあなたの新鮮で独創的なアイデアが却下されたりしないでしょうか？　このシステムは時代遅れになっており、私は間違っていると思います。少なくとも不信の種にはなります。

ずっとシンプルでいい方法があります。宣伝費用はすべて、実費のみで請求するよう代理店側の合意を得るのです。手数料はなしです。代わりに、業績給や時間給で支払う条件で合意するのです。一般の専門家の仕事に対しての支払い方法と同じです。あなたとの契約によって、ぜひとも儲けてもらいましょう。売上実績に応じて、ボーナスを出そうではありませんか。資金を節約するようお勧めしているのではありません。むしろ、お金は使うところではドンと使ってください。

もう一つアイデアがあります。あなたのためにタイムリーなメディアの買いつけができる権限をメディア担当部門に与えるよう、代理店に言ってください。金額、時期、または人数に応じて、あなたはその権限を限定できます。テレビ局やラジオ局、そしてほかのメディアでも、特定のスポットやスペースを売ることができない場合や、直前にキャンセルが出る場合があるものです。過剰在庫にあえぐあらゆる事業と同じで、そういうケースでは割安でもスペースを処分したいものですから、取引には快く応じてくれるでしょう。その場合の価格が格安なのに驚くはずです。

二、三年前のことですが、私の代理店が顧客の製品を全国販売しようとしたとき、私たちのメディア買取会社であったウェスタン・メディア・インターナショナルは、主要テレビ局のプライムタイムスポットをたった約四万ドルで手に入れることができました。このスポットは通常二〇万ドル以上するものですが、直前でキャンセルされたのです。こういった夢のような話はそう頻繁にありませんが、ありうることなのです。あなたのメディア買いつけ担当者には、スポットに空きができたときに、その場にいてもらいたいものです。

最後にあげる最も重要な点は、代理店のトップとの個人的な関係です。トップの人間と関わることがあなたには必要ですし、あちら側もあなたと関わる必要があるのです。とは言っても、同じ屋根の下で暮らせと言っているわけではありません。

新しいキャンペーンの計画段階の時期に、年に何度か彼らと直接話をしたいと思うでしょう。彼らのプロとしての意見を聞く場です。こういった話しあいの場はそう何回も望めないと最初から覚悟しておきましょう。その代わりそういう機会が持てたときは、あなたの仕事に全力投球してもらいましょう。

ですから、宣伝活動で失望させられないようにしてください。自ら関わることです。代理店の努力に見あった正当な金銭上の取り決めを行いましょう。必要なら依頼料を提供しましょう。うまくいったら、もっと支払いましょう。共通の具体的な目標を設定しましょう。有能なＡＥを手に入れてください。クリエイティブ部門に携わる人間の才能に任せて、長期契約に快く応じましょう。

宣伝費用は予算のなかで経費項目になっていませんか。さあ、それを利益に変えましょう。

広報——PRという秘密兵器

最近、新たに大切な友人となったマイケル・オーウェン・シュウェイガーと夕食をともにしました。彼はPR（広報）の世界で最も頭の切れる優秀な人物の一人と目されています。

マイクはマンハッタンにあるメディア・リレーションズ・グループのCEOであり、実は本書のPRキャンペーンに関する計画について話しあうために会ったのです。私はマイクに魅了され、彼のプランに有頂天になりました。食事が終わり、すべてが完璧だとわかったとき、我を忘れたような感情になりました。

マイクとの会食後、こう考えている自分に気づきました。「アメリカの起業家が全員ここにいたらどんなによかっただろうか。そうすれば商品やサービスのマーケティングで、PRがどれほど重要なのか直接理解できたのに……」個人的な経験からも、何百人もの起業家と話した経験からも、私たちが販売と宣伝にあまりにも気をとられてしまい、この最も効果的で安上がりなコミュニケーションの手段を無視してしまうことを私は知っています。

これは残念なことですし、また愚かなことです。私のマーケティング人生をもう一度やり直すとしたら、マイク・シュウェイガーのようなプロのPR会社を雇わないで事業を始めたり、新しいアイデアや商品、サービスを展開することは絶対にしないでしょう。本音を言うと、副社長や弁護士、会計士を雇うより先に頼むでしょう。そうすれば私がやろうとしていることに対して、初日から自然な宣伝ができるように、販売戦略に全面的に協力してくれる人物がそばにいることになります。この世界でマイケル・シュウェイガーのようなプロたちができることについて、例をあげてみましょう。

■――「ピザ誕生一〇〇周年」企画

一九六九年のことでした。アート・リンクレターと私は、この本のなかで先に紹介した〈トースター・ピザ〉のマーケティングに資金的にも精神的にも深く携わっていました。試験販売の結果はすばらしく、全国的に紹介する準備が整ったのです。それまでに、私はPRの重要性を学んでおり、小さいけれど優れたPR会社を雇っていました。いよいよ新発売も近くなったある日、突然ＰＲ会社の二人のパートナーが私のオフィスに小踊りしながら飛び込んできました。興奮を抑え切れず、二人はアイデアを話しはじめました。

「今年（一九六九年）はピザが誕生して一〇〇年目だってことを世界中に宣言したいんだ」

「それでどうするの？」私は論理的に質問をしていきました。

二〇分後に二人が構想を話し終えたあと、私は机の前で口をあんぐりと開けたままでした。しかし、徐々に彼らのアイデアが飲み込めてきて、飛び上がって叫びました。

「やろう！」

そして私は二人といっしょに踊りはじめました。

彼らのアイデアは、アメリカ全国のテレビのトーク番組と連絡をとり、ピザ誕生一〇〇周年を祝って、番組出演を申し出るというものでした。ピザの由来や今日に至るまでの歴史について話をするのです。新製法により、トースターを持っている世界の家庭にまでピザが進出してきた歴史です。番組出演の際には、もちろんトースターを前に、どんなに早く簡単に〈トースター・ピザ〉が作れるかということを実演します。その場にいる人たちは、飛びついて食べるのでした。

そのアイデアは計画へと変わり、その計画はみごとなＰＲキャンペーンへと変わっていきました。魔法がかかったようにことは運んだのです。セクシーなアクセントでおしゃべり上手な、若くて美しいイタリア人の女性を雇いました。彼女はアメリカ中を旅して回り、テレビやラジオの番組に出演して、ピザの歴史について語りました。その間、トースター・ピザはものすごい勢いで売れました。キャンペーンの一環としてPR会社が用意した発表記事は新聞や雑誌に取り上げられ、全国を駆けめぐったのです。

PR活動はすべて、営業部隊の努力に結びつくよう慎重に計画されました。起業家としては、大成功の市場進出でした。スーパーマーケットのバイヤーは誰もがトースター・ピザについて見るか、聞くか、読むかしていたのでしょう。最初からうまくいって、九五％のスーパーマーケットの店頭に並ぶことになったのですから。「どうです！」このたった一つのアイデアは私たちが宣伝に費した何百万ドルというお金より価値があったわけです。約一〇〇分の一の費用です。

ちなみに、もう驚かないと思いますが、ピザがいつ考案され歴史を歩んできたのかについて、私も、PR会社も、この地球上の誰もまったく知りませんでした。でも今ではみなさんご存知ですね。一八六九年です。

ここで話を終わりにできたらよかったのですが、トースター・ピザの工場に話を戻さなくてはなりません。巨大なオーブンのなかを商品を運ぶベルトが通っていました。強烈な熱がこのやわなベルトを引き伸ばしてしまいました。ひどく伸びたわけではありません。ほんの数インチだけです。でも、そのせいでピザソースやトッピング材料すべてが本来載せられるべきピザ生地の上にうまく載らず、あちこちにこぼれ落ちるようになってしまったのです。予定日を過ぎても商品を出荷できず、ひどいありさまでした。私たちは何百万ドルか費してから撤退しました。起業家の夢がもう一つ崩れたのです。でも、PRの話に戻ることにしましょう。

PR活動がどれほど驚くべき成果をもたらすか、いくらでも例をあげることができます。しかし重要なことは、何をやるにせよPR活動はあなたの秘密兵器として利用すべきです。

ではどこから手をつけたらいいのか、私の経験からご説明しましょう。この本が半分ほどできあがったとき、ハービイ・マッケイという友人に電話をしました。彼は、『サメ（強敵）に飲み込まれずにビジネスの世界を泳ぐ方法』[★1]『うまい話には気をつけろ』[★2]と『サメ（強敵）をよける——やりたい仕事につき、好きな仕事をつづけよう——今日の過熱

★1 Harvey Mackay, *Swim with the Sharks Without Being Eaten Alive: Outsell, Outmanage, Outmotivate, and Outnegotiate Your Competition*, William Morrow & Co., 1988

★2 Harvey Mackay, *Beware the Naked Man Who Offers You Hits Shift*, Judy Piatkus Publishers Ltd., 1990

★3 Harvey Mackay, *Sharkproof: Get the Job You Want, Keep the Job You Love... In Today's Frenzied Job Market*, Smithmark Publishers, 1992

する求人マーケットで』★3などの著作があるベストセラー作家です。彼の本に関するPRは、今まで私が目にしたPRのなかでは最高のものでした。

誰がPRを担当したのかハービイに尋ねると、マイケル・オーウェン・シュウェイガーだと教えてくれました。一〇点満点でいうと、マイクは一二だよ、とも言っていました。私はシュウェイガー氏と会って、即座に例の興奮状態になり、彼の顧客リストをくださいと頼みました。彼の顧客に電話すると、ハービイとまったく同じ答えが返ってきました。「一二だよ」と。うってつけの人物を見つけたのです。その後どういう結果になったか、あなたにもそのうちわかるでしょう。というのも、マイクの計画の一つは、十都市を回るメディア・ツアーだったのです。だから、みなさんがこの本（原書）について見たり、聞いたり、読んだりすることがあれば、どこから仕掛けたのかおわかりになるでしょう。

あなたのマイクを見つけ出すために、私がしたようにすることをお勧めします。同じ分野でPRに成功している商品やサービスは、どこのPR会社が扱っているのか探し出すのです。その会社の代表者と会いましょう。仕事ぶりを詳細に調査し、明確な実績を探します。そしてその会社のほかの顧客と話してみてください。起業家特有の興奮を感じるまで探しつづけましょう。そして、あなたのゲームの計画の一部に参加させてあげようじゃないですか。

不況こそチャンス

以前、ヒューストンで講演の仕事が終わったあと、何人かの起業家と夫婦同伴で夕食をともにしたことがあります。当時ピークだった景気後退が、自分自身や会社に及ぼす影響について話題はおおいに盛り上がりました。不景気にもかかわらず、自分たちが事業拡大の途上にあることを知って、全員が驚いたようでした。私は驚きませんでした。というのも、国中を旅して回って起業家たちと話しているなかで、何度も何度もこの言葉を耳にしていたからです。

「景気後退ってどこの話?」

私はフロリダ州ボカ・ラトンで行われたアントレプレナー・オブ・ザ・イヤーを選ぶ全国規模のパーティから戻ったところでした。三日間のパーティには、一〇〇〇人以上の人々が出席しており、数々の調査が行われました。そのうちの一つは、業績の予想に関するもので、集まっていた起業家のうち、八九%の人々が翌年の事業拡大を予想しているという結果が出たのです。この結果が発表されたとき、驚きのあまり沈黙が広がりました。隣に座っていた男性が思わず声を上げました。

「なんだ、景気後退とばかり聞いていたから、ウチの会社はいまだに成長をつづけているごくごく少数のうちの一つかと思ってたよ」

国中どこでもこうでした。起業家ががむしゃらに働いて、会社を大きくしているあいだ、大企業とマスコミはふさぎ込んでいたわけです。

ちょっと考えてみれば、すべて道理にかなっています。大企業は景気後退の時期に何をするのでしょうか？　もちろん、コストを切り詰め、宣伝やサービスの経費を削減し、人員削減、不採算部門の閉鎖、商品の回収などをします。結局これでどういうことになるのでしょうか？ニッチの切り捨てです。そしてこれらのニッチは、起業家の成長のための苗床となるのです。景気後退している時期とは、すべての起業家が大企業の人々の悲しみに沈んだ話に注意深く耳を傾けるときなのです。もしかしたら、一粒か二粒、涙を流してみるのもいいかもしれません。そのあと立ち上がって、彼らを倒しにいきましょう。

こういうわけですから、この国が追い詰められ苦境に陥っているというニュースを地方新聞のビジネス面で目にしたり、全国テレビで聞いたりしても落ち込むことはありません。すべて無視してくださって結構です。だって、あなたのことを言っているのではないということは確かなのですから。あなた方のような人たちが存在するとは知らず、マスコミはどうすることができるでしょう?

でも覚えておいてください。ここ一〇年間、この国が再び一九三〇年代のあの大恐慌のような不況に陥るのを防いできた経済界の目立たない部分こそ、私たち起業家だったのです。しかし考えてみれば、当時、生まれてもいなかった方がほとんどのはずです。もしかしたら、あなた方のお母さんさえ、生まれていなかったかもしれません。でも私は生まれていました。

■――スラム街での生活

一九三〇年代、起業家革命が始まる以前、雇用の創出を大企業に頼っていたころに戻って、どんな感じだったかご説明しましょう。

最近ホームレスのことをよく耳にします。そのころも同じでした。数は現在の約二〇倍だったのです。ただそのころは、今と違って「ルンペン」と呼ばれていました。そして私もその一人だったのです。人生のなかで長く惨めな一年、一九三八年を、私はスラム街で過ごしました。

父も母も小さな赤ん坊も家族みんなで屋根つきの貨車に乗って、次の食事のために必要な食糧を探して、遊牧民のように国中をさまよっていました。どれほどひどかったか説明のしようがありません。でも食糧を乞うという屈辱を学ぶことができたとは言えます。そう、それと食べ物を盗むことも。

もし、実際に新しい雇用すべてを請け負っているあなた方起業家がこの国にいなかったら、今日、私たちは三〇年代と同じような状況にいることでしょう。ジョージ・ブッシュは大統領に任命されたとき、その直前までの八年間のレーガン政権において、一七〇〇万もの雇用が新たに生み出されたということを話しました。ブッシュ大統領が触れなかったことは、まったく同じ時期にフォーチュン五〇〇社においては、三五〇万人が職を失っていたことです。もしアメリカの起業家たちが存在せず、彼らが二〇〇〇万もの新たな雇用を創出しなかったら、今日どうなっていたと思いますか？　一九三〇年代にあと戻りです。

フォーチュン五〇〇社について言えば、この五年間で、三分の一以上の企業が姿を消しています。同じ三分の一が姿を消すのにそれ以前は二五年間もかかっていたことをご存知ですか？　そして誰がその代わりに加わったと思いますか？　もちろん、生き残っていることを誰にも知られていない、これまた同じ起業家たちです。マスコミでもなく、銀行でもありません。もちろん政府であるわけがありません。いったいいつになったら、重要な変化を生み出しながらも孤独に脅えるこの人々を助けるため、彼らは動き出すのでしょうか？

もし、銀行を統制する議員や官僚の大バカ者たちが、私たちを倒産させる法令を可決する代わりに、起業家の事業拡大を支援しようとしたなら、我が国の経済はどうなっていたか。まあちょっと考えてみてください。いつも長々と説教をつづける牧師でさえ、驚きのあまり話をやめてしまうことでしょう。

起業家を買収できるか

起業家を買い取ることができると思っている買収屋は数多くいます。大企業に買い取ってもらえると信じている起業家もたくさんいます。この二者がいっしょになると悲劇は起こります。ここで、私自身の経験から得たアドバイスがあります。

無神経でバカな政府が引き起こした資金難によって、何千人もの起業家たちが会社売却という愚行を強要されています。売り払ってしまうというのも一つの手です。理由が何であれ、起業家たちが、戦利品をつかみとって登り坂を駈け上っていくのなら、そうさせておきましょう。

しかし普通そうはいきません。大企業が起業家の事業を買収しようとする場合、決まって二つの条件を出します。一つ目は経営権を渡すこと。二つ目は起業家的経営はそのままにしておくこと。これは、ガラガラヘビの毒牙を取ってしまえば、ペットになると勘違いするのと同じくらいバカげた条件です。毒牙がなければ、ガラガラヘビではありません。経営権を握っていなければ、もはや起業家ではないのです。

こうやっているあいだにも、何千もの牙を抜かれた起業家たちが、官僚的なヘビ飼育場に身を投じているのです。すべて敗者です。そこを去るか、あるいはごくつぶしになって暮らすかどちらかしかないでしょう。急成長を遂げていた起業家の会社も、今となっては頭をもがれて、生み出すものは何もありません。なんて悲しいこと、なんてもったいないことでしょう。

最近になって、私は、買収に熱心な会社の役員会に加わりました。その会社の戦略を知らされたときには驚きました。この会社がターゲットにしていたのは、急成長を遂げ、さらなる成長をつづけるために資金を必要としている起業家の会社でした。三〇〇〜五〇〇万ドルを投資し、少なくとも五一%を所有しつつ、起業家には、長期契約を結んだうえで実務に残ってもらうというのです。

なんてことでしょう！　私はそこの社長と、起業家を買収することについて個人的な話しあいをしました。起業家から事業を買い取ることはできても、起業家自身を買い取ることはできないし、事業を買い取る場合は、トップ・マネジメントを取り替える覚悟をするべきですと言いました。それには買うタイミングがあります。成熟した会社のみ、起業家が本当に職権を委任した場合のみ、プロの経営陣が引き継ぐことができる場合にのみ、買うのです。創業者によっていまだに日々運営されている会社や、いまだに起業家の活力を必要としている会社に手をつけては駄目です。

投資額の上限を五〇〇万ドルにすることによって、はからずも買収すべきでない会社、創業者なしでは駄目になってしまうタイプの会社を標的にしてしまっていると私は説明しました。また起業家との長期雇用契約についても反対しました。隷属契約は違法であり、起業家精神を買うことはできないのです。

取締役は「どうすればいいんだ」と尋ねてきました。「資金を三〇〇〇万ドルにまで引き上げましょう。成熟した会社を探し、起業家ごと買い取ります。プロの経営管理者に変身してもらって、あなたの指示どおりに働かせます。できなければほかの人に入れ替えます。できる人は、稀にしかいませんが」と私は答えました。

私は取締役に向かって何かの本を題材にして講義を行ったのではありません。体験からアドバイスをしたのです。

フォーミュラ409の販売で大きく儲けてから、私はすばらしいアイデアを思いつきました。人生の大部分を食品ブローカーとして過ごしてきたのです。国中の食品ブローカーたちを買収し、スーパーマーケットに対して販売するアメリカ最大の販売組織を創り上げ、全会社の所有権を一つの会社、ハーレル販売株式会社に集約し、株式公開して儲けようという戦略を企てました。

食品ブローカーについてご存知ない方のために、説明しておきましょう。食品ブローカーは、スーパーマーケットや量販店へ製品を供給するメーカーの販売部門兼販売促進部門の役割を果たします。メーカーの販売代理店は、バイヤーに対してプレゼンテーションを行い、ディスプレイを作ったり、棚のスペースを獲得したり、といった細かい仕事を受け持ちます。食品ブローカーの場合は、これに加えて小売店とメーカーのタイアップ広告や地元に合った販促活動を企画します。また販売代理人というものは完全歩合制で仕事をしており、手数料はたいてい三～五％です。これはすばらしいビジネスなのです。

■――起業家を買い取ろうとしたツケ

二年のあいだ、根っからの起業家が経営する食品ブローカーを買収するため、私は国中を回りました。会社の規模は、従業員一〇～三〇〇名に至るまでさまざまです。結局、売上高が合計三億ドル以上になる六〇社を買収しました。すばらしいアイデアだったと思うでしょう。はずれです。まったくはずれです。

最初のうちはすべてうまくいっていました。しかし、地方の会社を依然として経営していた起業家たちがお金を流用しはじめてから、おかしくなりました。フォードに乗っていた人たちが、突如としていっせいにビューイックに乗り換え、キャディラックに変わり、やがてベンツへと移りました。しまいにはヨットまでがビジネス上の必要経費になってしまったのです。事業がうまくいけばいくほど、必要経費が増えていったようです。

起業家たちは、事業を買い取られ、私は起業家たちを買い取ったつもりでした。しかし彼らは会社の目標や、会社の資産を築く、時間当たりの収益などといったつまらない哲学よりも、個人的な幸せや肉体的な快楽に対する関心のほうがずっと高かったのです。私は説得にあたり、懇願しました。丸め込もうともしたし、脅しにもかかるところでしたが、全員と五年間の雇用契約を交わしてしまっていました。

規模や人員、そして何よりも必要経費の金額が、信じられないほど膨らんだのを見届けた三年後、私は血塗られた白旗を上げました。儲からないので、買収した会社をもとの起業家たちに売却したのです。一年後、驚くべきことが起こりました。

それまですべての会社が赤字だったのに、一転してお金を生み出しはじめたのです。ここで私が言っているのは利益ではなく、起業家精神を充分に発揮するためのお金ということです。その後、時間はかかりましたが、やがて利益が出はじめて元は取りました。しかし、決してそれまでの苦労に見あうものではありませんでした。ここで教訓を得ました。起業家を買い取ろうとするのは、大バカ者だけです。

ですから、起業家のみなさん、用心しましょう。もし犬（または銀行家）がドアの前で吠えていたら、もし幕を引くタイミングで売却だけが唯一残された手段であるならば、現金を手に入れなさい。繰り返します。今すぐに現金を手に入れなさい。利益に基づいた受取額では駄目です。すばらしい仲間の一員にならないかという大ボラ吹きたちの言うことに耳を傾けてはいけません。「何も変わりはしないよ」と言われたときは、ニッコリしておきましょう。嘘ですから。そして何よりも自分に嘘をついてはいけません。まぬけな奴の命令に従えるなどと考えてはなりません。

あなたは自分に嘘をついています。どうしても仕方なければ、相手の相談に乗ってあげてもいいでしょう。でも、奴隷のオーナーとの雇用契約には決して署名してはいけません。自分が何であるのか思い出してください。起業家なのです。きっとまた戻ってこれます。

Part 4

危機を管理する

会社が倒産する

銀行に強力なコネがあるか、すばらしい財務決算報告を行っている会社にとっては、景気後退は終わっているかもしれません。しかし多くの起業家にとって、最悪の事態はこれからやってきます。

実際、今後数年間は起業家による破産手続きの申請が過去のどの時期よりも増加すると私は見ています。そして驚くことに、会社経営がどんなにうまくいっていようと破産手続きとはあまり関係ないのです。もちろん、みなさんも私も会社倒産がまさか自分の身に降りかかってくるなんて思ってもいません。しかし、大金持ちか自分の銀行でも所有していないかぎり、危険は現実に迫ってきています。

ちょっとだけ、「だとしたらどうなるのだろう?」と考えてみませんか。予防薬をほんの一さじ飲むかどうかだけで、あなたの身に悲劇が降りかかるか、それとも起業家として生き残ることができるかが決まります。

アメリカには急成長を遂げている会社に対して、破壊的な大砲を抱えながら、向かってくる二つの経済的圧力があります。

まず、餌を奪いあう逆上したサメのように銀行が共食いをしています。起業家を支えてくれていた銀行が、立ち上げ時の融資担当者とともに消えつつあります。第二には、銀行監査官や審査官が、その地位や立場から偉ぶっていい気になり、すべての融資内容を見直すよう国中の普通銀行に強要しています。

つまり、親切にしてくれた融資担当者は姿を消し、官僚的な角と牙が銀行に生えてしまったのです。返済の猶予、あるいは今回限りの契約内容の変更を懇願しているのに、新任の融資担当者は爪を磨きながら、窓の外を見て座っているだけ。仮にそうだったとしても驚いてはいけません。私を信じてください。今までは経験しなかったとしても、今後経験するはずです。ですから最悪の事態に備えて準備をしてください。私が間違っていることを祈らずにはいられませんが。

先ごろ、友人のジョンと話をする機会がありました。彼はダラスで会社を経営する、成功している起業家です。三年前、ジョンはニッチ商品を開発し、全国規模でライバルの巨大企業との競争に勝ちました。彼は従業員たちを組織化し、恐ろしい勢いで成長しました。売上も利益も申し分ありませんでした。実を言うと、少し手を抜いてもまだ充分な利益を上げられるくらいでした。しかしほかの自尊心のある起業家と同じように、ジョンはさらなる成長を企て、全利益を再投資に回していました。

四半期報告を行うため、取引銀行を訪れるまではすべてが順調でした。ジョンが持続的成長の計画を説明しようとすると、融資担当者は、例のお偉方たちが最近やってきた結果、ジョンの借入金が貸出規制に該当してしまったと忠告してきたのです。契約更改できないだけでなく、即座に借入金残高を減額するよう言われたのです。ジョンは所有する全財産をすでに抵当に入れていたのですからそれは不可能でした。

ジョンは抗議して、説得しようとし、今までの取引において一度も約束を破らずにきたと指摘しました。融資担当者は、ほかの銀行とのコネを探したほうがいいと提案してきました。恐怖のときがやってきたのです。

ジョンが話を進めている途中で、私には最終ページがわかってしまいました。題名は「チャプター・イレブン★」。

ジョンは友人ですから、そのとおり告げました。ほかに選択肢はな

★チャプター・イレブン
米国破産法第一一条。会社更生に関する手続きを定めた部分。

いか約一時間考えた末、おそらく私の言うとおりだとジョンは渋々認めました。「何かこうなることに対して、準備はしていたかい？」私は尋ねました。「何も。何をするっていうのさ、ウィルソン。数時間前まで、こんなことが起きるなんて思いもしなかったんだから」

■――最悪の事態を招かないために

ジョンはそう言い放ちました。いつの日か過去を振り返って、「なんてバカだったんだろう」とつぶやく何百万という起業家たちの仲間入りをしてしまったのです。破産裁判所での初日に、彼個人に何が起こるかを知っているか、ジョンに尋ねてみました。もちろん彼は知りませんでした。

裁判官がまずはじめに聞いてくることの一つは、「あなたの給料はいくらですか」です。あなたが何と答えたとしても裁判官は、あなたの給料は翌日から半分または半分以下に削減されると通告してきます。それでは実際生活できないと説明しても、裁判官は銀行家と同じように爪を磨きはじめるでしょう。

災難です。つまらない災難です。チャプター・イレブンを避けることはできなかったかもしれません。でも、もしジョンが予防薬を一さじ飲んでいれば、このシナリオは違ったものになっていたでしょう。会社と正式な雇用契約を交わし、もう一さじおまけに飲むつもりで、統一商事法典★（UCC）の正式な登記を済ませ、会社の特定資産を担保とした契約を結んでおけばよかったのです。ジョンは、担保とした資産が何であれ、一番目の所有権を持つ保証された債権者となっていたのです。商品のブランド名や特許などを担保に入れてさえいれば、今度は彼のほうが爪を磨くやすりを取り出して、裁判官や信用審査委員会の面々、担当の弁護士や会計士、つまり会社によって報酬が支払われている者全員に向かっていたでしょう。そして誰が責任者であるのかうやうやしく通告することができたのです。

この友人は、文章化されて法的な拘束力がある予防法を開発するために、たった数時間を費やせばよかったのです。これが生死の分かれ目でした。会社からの迎えの車はもう来ないとか、前より小さい家で、四人の子供と肩を寄せあって暮らすことになる理由を妻に説明しなければならないのは言うまでもありません。倒産の正式申請を余儀なくさせられる前に、ジョンにはまだ薬を飲む時間が残っているかもしれません。私はそう願っています。ジョンは突破口を見

★統一商事法典（Uniform Commercial Code）商取引を行ううえで、通常生ずるあらゆる局面について、広く規定したアメリカの法案モデル。一九五二年に制定。大半の州において、若干の修正を加えつつも州法として採択されている。

出そうと一所懸命がんばっています。

私自身は経験から銀行家や破産との戯れ方がこんなによくわかってしまいました。もちろんあなたも、私と同じくらい長いあいだ起業家をやっていれば、どのような場面にも遭遇しています。どのような経験も、起業家の知識に関する本の一章だと私は考えようとしています。でも、破産する章はもうたくさんだと認めます。もちろん、あなたも同感でしょう。

ですからもうこの辺で止めます。「つづけろ」と言わないでください。町で一番の破産法の弁護士を見つけ出し、何時間か費やして、今得た知識を元に計画を練ってください。今すぐやってください。

起業家保険をかける

私は多くの起業家から電話をいただきます。そのほとんどは元気のいいものですが、先週、トムから恐ろしい話を聞きました。

彼は事業に失敗した起業家です。会社設立後、七年間は順調でした。が、悲劇は起きました。損失を取り戻そうと手を尽くしましたが、今や一文無しになりました。すべての起業家にとっての悪夢、つまり他人に雇われることを考えざるを得なくなりました。電話を切ったあと「私がこうならなかったのは神様のおかげだ。まったく運がよかった」と思いました。そしてこの地球上に存在する起業家のみなさん、あなただってそう、幸運だっただけなのです。

私たち起業家が犯している大きな罪は、将来を保証するために何もしていないことです。驚くべきことではありませんか？　私たちは、身を守るための各種保険に巨額な保険料を支払っています。家が火事にあったとしても保障されています。台風や洪水、盗難、詐欺、病気、死亡時にさえ保険があります。しかしトムと同じように、最も破滅的な危険である会社倒産については、一瞬たりとも考えたことがなかったのです。あなたも同じ立場だと断言できます。ですから、できることについて話を進めましょう。

断じてあってはならないことですが、会社がつぶれてしまった場合でも、あなたの新事業への融資を保証するという保険を、保険会社が提示したと仮定しましょう。あなたの起業家としてのプライドを守るため、求人市場に頼らずに済み、誰かに雇われなくても済む契約に対して、いくらくらいの保険料を支払う気がありますか？　あなたはどうかわかりませんが、私にとっては、自分自身の会社を経営していないと、単純に我慢できません。自分の生き方を守るためなら、どんな掛け金だって高くはありません。あなたも同様に感じるならば、ここであるアイデアをご紹介しましょう。

加入できる保険はあります。どこかの会社からではなく、あなた自身で手に入れられます。私はこれを「起業家保険」と呼んでいます。自分で自分の安全を守る保険です。掛け金は個々の状況に合うよう調整できます。明日から発効します。あなたがやるべきことはさっさと行動に移し実行することだけです。

しかし、まずあなた自身を改良しなくてはなりません。鏡の前に行って、あなたを睨み返している傲慢でうぬぼれている天才と腹を割って話しあってください。次のことを話してみてください。「お前は無敵じゃない。不死身じゃない。失敗することもある。また家族に対する責任もある。そして何より確かなのは自分自身に責任があるということだ」もっとつづけてください。「おまえはこの世界のどの起業家とも何も変わらない。ほとんどの起業家は、黄金の門へたどり着く前に、二、三回は失敗している。そして失敗した場合は、ありとあらゆる知りあいにお金を請いながら、ゼロから再出発しなくてはならない」

もし事業が失敗すれば、起業家の未来は、「風と共に去りぬ」となります。この厳しい現実を容認できるまで自分に話しつづけてください。

■──神聖なる義務

次のステップはこうです。手と膝をついて、聖書を握り締め、顔を上げて誓います。「起業家としての未来を保証するために、毎月会社の収益の一部を納めることを誓います。また事業が失敗しないかぎり、その資金を、弁護士、銀行家、債権者、配偶者……。そして特に『私』など……、誰にも手が届かない場所に保管することを誓います」と。

あなたの会社が赤字でも納められます。売上から数%引き落とすのです。生命保険や健康保険、住宅オーナー総合保険などの契約をすべてキャンセルしないかぎり、引き落とせないなんて言わないでください。何を何%引き落とすかは重要ではありません。掛け金を支払うことこそが、神聖なる義務となるのです。

毎月、最初の請求書が起業家保険のものでなくてはいけません。これはあなたの起業家人生の初日からという意味です。いくらにするかはあなたが決めることですが、毎月いくらか引き落とすことで起業家保険に加入するのです。

■——戦利品は隠しなさい

どこに預けておけばいいのでしょう？　弁護士を開業したいわけではありませんが——とは言っても、博士号をとるためずいぶん費用を使いましたが——何百という逃げ道があることをお教えしておきます。違法ではないし、道徳に反することでもありません。もし私たちがミスを犯そうものなら、私たちの全財産を奪うと代議士が制定した、くだらない法律にある単なる抜け穴です。ですから明日、あなたの地域で最も頭が切れる税務弁護士（資産計画が専門の人物が望ましい）を探しに行き、あなた独自の計画を立てましょう。

私は講演の話をいつも実践してはいませんが、起業家保険については、今日に至るまで実行してきました。私の最初の計画は非常に単純でした。地元銀行からお金を借りて、ジョージア州の農地と森林を息子名義で買ったのです。銀行には、月々の分割払いで返済しました。そのローンの返済が終わったとき、またお金を借りて、さらに土地を購入したのです。事業が失敗した場合にも、新しく同族会社をスタートさせるための資金源が確保されていたわけです。現在、家族名義の信託財産に加えて、私はパートタイムの仕事を持っています。それは、私の下の息子が一〇〇％所有し、利益を上げている小規模会社の経営です。

もちろん、資産計画なしに起業家保険に入ることはできません。しかし、もしあなたがアメリカの起業家の九〇％と同様だとすれば、計画を避けてきているのでしょうね。お金持ちになるのを待ち、財産が手に入るまで待っているのでしょう。それは愚の骨頂です。

計画に着手するのは、あなたが起業家になると宣言したその日からです。あなたはその日から、もう戻れない道を進みはじめてしまったのですから。私を信じてください。あと戻りはできません。橋はすべて燃え落ちています。私を信じないとおっしゃるなら、トムの電話番号をお教えします。彼に電話して話してみるといいでしょう。

社外の起業家を味方にする

国中を回りながら起業家の方々と話していると、取締役会に社外の人間を入れるべきかという質問をしばしば受けます。すでに会社が活動している場合には、私の答えは、当然「イエス」です。その理由をお教えしましょう。

まず私たち自身について考えてみましょう。起業家は、ほかの人々ができるはずがないと思っていることを成し遂げます。どのような特性が働くのでしょうか。とんでもない登り坂を上ることができるというような特性をあげればきりがありません。自信を持って意思決定を行い、攻撃的で、精力的、独創的で、一つの目的を目指し、勤勉で、自信に満ちた前向きな考えの持ち主であることには間違いありません。

この資質をすべて持ちあわせている人は、少しはうぬぼれがあるはずです。傲慢と言ったほうがいいかもしれません。アドバイスを受け入れるということは、それなりに理由があって、多くの起業家にとって容易なことではないのです。というのも、好意を寄せてくれる友人からのすばらしいアドバイスすべてに耳を傾けていたら、まず坂を上りはじめることさえないだろうとわかっているからです。恐怖のクラブに入会することもまずないでしょう。

それではなぜ、お先真っ暗の孤独な道を歩み、首尾よく事業に乗り出してきた自尊心ある起業家が、他人の言うことに耳を傾ける必要があるのでしょうか？　答えは起業家が極端なうぬぼれ屋だからです。好む好まざるにかかわらず、耳を貸さなくてはならないときは来るものです。その時について話をつづけましょう。

スタートアップのときは、起業家は自分以外の誰にも耳を貸す必要はないと思います。でもこれは、あなたが手がけている事業が何であれ、調査しなくていいとか、耳を傾けてくれる人物にあなたの考えについて意見を求めなくていいという意味ではありません。

しかし、最終的に決めるのはあなたの本能的な勘です。それは孤独への入り口となるでしょう。孤独に慣れてしまうのです。あなたは一生、孤独を抱えていくことになるのですから。

■――取締役の選任に当たって

先に進みましょう。あなたはニッチを見つけ、うまくいっているとします。会社は成長しています。資金が底をつく可能性が出てきました。お父さん、お母さんといった人たちのほかに、投資家が必要になってきます。あなたの意思にかかわらず、彼の言うことに耳を貸すことになるでしょう。

最初の投資家も、これまた特性を持っているものです。経営権を握りたいと言って、アドバイスもすると主張します。たいていは間違ったアドバイスです。というのも、彼らは短期収益のことしか考えていないからです。投資家が自分の方法で経営参加してきたら、あなたも起業家の破滅の歌を歌いはじめることになるかもしれません。

もっといい方法はあります。役員を任命すること。複雑なことは何もありません。あなたと投資家の双方が認める社外の人間を任命するだけです。簡単だとは言っていません。でも采配を振るおうとする厄介な投資家を受け入れたり、もっとひどい場合には、二人が口論しているうちに会社がつぶれてしまうよりはましです。

それでは次の段階に移りましょう。会社は成長をつづけており、あらゆる部門の担当副社長たちを徐々に増員したとします。ここで企業の成熟度は頂点に達したわけです。この時点で、たとえ会社が非公開企業であり、ずっとそのままであるとしても、公開企業であるかのように、あなたは経営に携わるべきです。たとえ投資家を必要とすることなく、すべての株を自分で所有するほど幸運だったとしても、一〇〇〇人の投資家を有しているかのように経営に臨むべきなのです。

それでは取締役会についてです。あなたの提案に対してイエスに投票しなければ、辞職するしかないと考えている副社長たちを指して取締役会と言っているのではありません。また親族の役員会を指しているのでもありません。社外の人間が加わった正真正銘の取締役会について言っているのです。

社外の人間という意味をさらに限定してみましょう。銀行家や弁護士、会計士は駄目です。お金がないのに賃金を支払わなくてはならない状況や、眠らずに生きていく状況がいかに大変か理解している人以外はだめです。つまり、起業家はほかの起業家を取締役会に入れるべきだと私は確信しています。

社外の人間を入れた取締役会について、いつも肯定的に感じていたわけではありません。事実、金融界から強いられることさえなければ、買収したフォーミュラ409に社外役員を入れて取締役会を設置することはなかったでしょう。もちろんこの取締役会に、従業員や私的な友人たちをうんと詰め込みました。私は参加するに値しないし、報われもしない取締役会から自らはずれました。

そのころ、私は別の会社の、少数派ではあっても、相当株数を保持する株主となり、取締役会に加わりました。初めての会議でまったくうんざりしてしまいました。すべては取締役会長の筋書きどおり強引に進行していたのです。私がイエスともノーとも言わないうちから、決議されていきました。自分は利用されているだけの無用な人間だと感じました。そこで気づきはじめたのです。まさに私の取締役会も、このように運営されていたのだと。

次の株主総会で、一一名の役員を選びました。私と社長だけが社内の人間です。ほかのほとんどが起業経験のあるCEOといった顔ぶれでした。その日から現在に至るまで、私は実際に機能していない取締役会の一員とか取締役会長となったことは一度もありません。

■――起業家は起業家に聞く

現在私は四つの会社（二つの公開企業と二つの未公開企業）の役員の任務に携わっています。会議はいずれも非常に形式ばって行われます。四半期に一度顔を会わせ、議題はきちんと予定されています。報酬委員会と監査委員会の構成員は社外の人間です。社外役員には名目上の謝礼が支払われ、ストックオプションが与えられます。代わりに会社側は何を得るのでしょうか？簡単です。会社のために一所懸命尽くしてくれる役員たちを得られるのです。取締役会長は、ほかの起業家たちの実体験を聞くことによって、考えや問題点について話しあえるというすばらしい利点を得ます。実際与えたり与えられたりしたアドバイスや勧告が、その会社に何度予想外の好影響をもたらしたか数え切れません。

私にとって、社外の役員たちがどんな意味を持っていたか思い返してみました。私にとってこのうえない価値があったと畏敬の念を覚えます。私がミスを犯すことがなかったというだけでなく、驚くほどのコネや紹介を受けられたり、特に資金が必要なときには魔法のごとく扉が開いていたのです。銀行家や投資家は、社外の人間を受け入れる役員会をこよなく愛していますし、ウォールストリートの金融業界もそうせよと言います。

ですから、もしあなたが急成長を遂げている会社を経営しているのなら、ちょっと手を休めて、自分自身に尋ねてごらんなさい。うぬぼれに何の価値があるでしょう。

銀行との付きあい方

魔法を使って世界中の起業家全員（生死を問わず）を集めて、「起業家としての人生のなかで、何が一番嫌でしたか？」と尋ねることができるとしたら、耳をつんざくような叫び声が返ってくるでしょう。「資金調達！」と。

「銀行家」「ベンチャー・キャピタリスト」「ウォールストリート」といった単語を口にするだけで、起業家全員の震えが止まらなくなるでしょう。そこであなた自身に尋ねてみてください。「起業家人生で私に足りなかった部分はどこだろう？」と。もし答えが「資金調達」でなかったら、あなたは普通の起業家ではありません。

では筋書きを変えてみましょう。今度は銀行家、ベンチャー・キャピタリスト、ウォールストリートで働く人々、また私たちが生きていてほしくないと思っているような人物さえも集めて、「あなたの生涯において、一番稼がせてくれたのは誰でしたか？」と尋ねてみましょう。

「起業家ですよ」というあまり喜ばしくない答えが返ってくるに違いありません。信じないとおっしゃるのなら、ウォールストリート・ジャーナル紙を買って、孤独で脅えている起業家以外の手で設立された会社を探してみてください。

それではもう一つ質問をしてみましょう。「顧客のなかで、最も信頼していないのは誰ですか？」答えはもちろん「起業家ですよ」

■――かけ離れた二つの世界

どのようにすれば、依存しあっている二つの集団に属する人間たちが、お互い信頼を失い、嫌うことにさえなるというのでしょう？　問題は思考様式です。ちょっと比較してみましょう。

あちら側、つまり資金を供給する側にとっては、「成長」と「利益」はまったく同じ意味を持つ単語であり、「純利益」こそ唯一成功を測るためのバロメーターであると信じられています。手に入りうる全利益を会社の成長のために再投資するという事業家の思考回路は、簡単に受け入れられないのです。

一方、起業家にとって会社が急成長しているとき、利益を出して税金を支払うことは、バカバカしいことです。金融界にとって、「リスク」という単語は、魔の金曜日、エイズ、腺ペストや解雇という単語と類義語なのです。起業家にとってリスクは生き方そのものです。毎日の朝食と同じです。起業家にとって保証とは、会社とその会社の持続的成長を意味していますが、金融界にとっては、個人住宅ローンの担保、何よりも個人保証を意味します。彼らにとっては、成功とは元金回収を意味します。起業家にとっては、それは、時の砂に残る足跡です。そう、どこまでも一致しないのです。異なる世界から生まれた両者の思考様式なのですから。

■——起業家の言葉は通じない

私にしてみれば、すべては避けられない結論に行き着きます。起業家は金融界の人々との意思疎通に当たろうとすべきではないと。うまくやっていける可能性はゼロに近いとはじめからわかっているのに、この極めて重要な関係をぶち壊すような危険を冒す必要がなぜあるというのでしょう。

あなたの代わりに話をしてくれる人とか、彼らの思考様式を持った人とか、通訳となってくれる人の助けを借りたほうがいいのではないでしょうか？　あなたの起業家人生を通して、資金繰りについて、「いつ」「誰に」「どのように」と教えてくれる人がいればどれだけ大きな意味があるか、ちょっと考えてみてください。資金が必要になる日まで待つのでは駄目です。あなたの起業家人生の早い段階で金融界との通訳を探すのです。絶望がドアをノックするまで待っていたら、向こうからドアを開けて入ってきてしまいます。これは財務担当の副社長を雇うという意味ではありません。それはまた別の問題です。

私は起業家が見習ってはいけない生きた見本なのです。私は会社を一〇社経営してきました。どの会社でも、成長をつづけるための資金がどうしても必要になったときがありました。多くの起業家と同じように、私は犬が門の前で吠えるまで、資金を求めて慌てて走り回りませんでした。ときには幸運なこともありました。またときには起業家が味わう恐怖に包まれながら、資金調達がうまくいかず、まったくすばらしいアイデアが駄目になっていくのを眺めていました。資金問題を解決できた場合ですら、お金を使いすぎていたり、資金不足で事業拡大を諦めたり、会社の成長を遅らせていたりしたのです。

思い返してみると、ずっと昔の創業期に金融界に対する通訳を探しておくべきだったと思います。そして、その通訳に私の起業家人生における不可欠な役割を担ってもらい、新しい世界を征服する夢や、ひどい決算報告書をともに分かちあっておくべきでした。そうしておけば、銀行家やベンチャー・キャピタリスト、株式引受人などに説明するとき、彼が交渉を行い、本当なら私がとりえたはずの手段を代わりに説明してくれたことでしょう。

この通訳にはどのように報酬を与えればよかったのでしょう？　簡単です。会社の資金運用に尽力してくれるたびに手数料を与えるのです。

たとえば、すべての投資を成功させる、市中銀行を推挙し私たちに代わって交渉にあたる、保険に関するすべての処理にあたる、会社買収における交渉の先頭に立つ、などです。その責務は私個人の資産運用と資金調達にまで及ぶでしょう。この人物は相当な収入を得たでしょうが、私は彼への給与額の何千倍も節約できたはずです。

もちろん問題は、「どこでそんな人物を見つけることができるのか」という点です。もし思い当たる人物がいなかったら、私だったら、イエローページの投資銀行家の欄を探します。私の地域で、最も評判の高い大規模な会社から当たります。地元の強いパートナーを探そうと試みます。そして次のように話を切り出します。

「私は業界で一流になることを目指している起業家です。会社の財務面の舵取り役の財務アドバイザーを選びたいのです。有意義な長期契約を結ぼうと思っています」と。どんな答えが返ってくると思いますか？　拒否されるでしょうか？　そうは思いません。もし拒否されたら、イエローページにある別の会社にあたってみましょう。誰かがイエスと言うまで、話をつづけます。

「インク」という雑誌の発行人、そしてその後、成長企業協議会の全国委員長としての任務に携わっていたころ、起業家を探している金融関係者と接する機会が多くありました。

アーンスト・アンド・ヤング公認会計士事務所同様、メリルリンチ証券会社はアントレプレナー・オブ・ザ・イヤーを選ぶイベントのスポンサーです。スミス・バーニー・シェアソン投資銀行は、成長企業協議会の戦略上重要なパートナーでもあります。両社とも起業家マーケットに手を伸ばそうと多額の資金を注ぎ、努力をつづけています。私が概説したような提案に対して、地元のパートナーが関心を示さなかったとしたら驚きです。

起業家人生のなかで、あなたは財務アドバイザーへの多額の出資を運命づけられています。私が経験したように愚かな結果に終わるか、アドバイスに従って賢くやるかはあなた次第です。

法的な問題を解決する

起業家として、最大の時間とお金を無駄遣いしたのは、間違いなく法的な問題解決のためでした。加害者に法的手段をとったり、自分の立場を弁護するのに弁護士に支払ったお金を貯めていれば、今ごろ億万長者です。本当にうんざりするのは、どの裁判も結審はするものの、それが巨額な報酬や費用を支払ったあとだということです。担当弁護士の一人勝ちです。

私たちは自分の味方をしてもらうために弁護士を雇います。私たちは正当で、勝訴は確実だと断言し、弁護士に活動をつづけてもらいます。戦いに勝つのだという決意のもとに論理的行動の影は薄れ、銀行口座から資金の大量流出が始まり、起業家の才能、時間、エネルギーが会社の事業から無限に分散しはじめます。なんて人がいいんでしょう！

もっといい方法があるはずです。そう、あるのです。

私の親友であるアート・リンクレターの息子、ジャック・リンクレターと最近話す機会がありました。ジャックは父親と同じように世界を相手に活躍する起業家です。カリフォルニア州アービンにプロダクティブ・コンフリクト・マネジメント★という会社を設立し、大変な成功を収めています。その名の示すとおり、弁護士や感情論が台頭する前に、紛争を解決する仕事です。なんてすばらしい発想でしょう!

現在このような会社がどれくらい存在するのか知りませんが、爆発的に増える新サービス業となるはずです。私心がなく、賢明で、経験豊かなカウンセラーに、紛争の当事者がそれぞれの立場を提示することほど、簡単で的を射ていることがあるでしょうか。

ちょっと考えてみてください。宣誓証言も質問書も訴訟手続記録者も裁判官も、そして弁護士も、もう必要ないのです。必要なのはビジネス問題を解決する人たちだけです。裁判になれば、何年という月日を費やすことになるのですから、一日か二日で解決されれば、どれほどお金や時間の節約になるか、考えてみてください。精神的ストレスについては言うまでもありません。

★プロダクティブ・コンフリクト・マネジメント
「生産的な紛争管理」という意味の社名。

■——裁判は避けよう

私はある訴訟を思い起こしています。できるものなら忘れてしまいたいのですが、昔、初めて法廷に立ったときの経験です。

私は一つの会社を手に入れました。その会社は、私の会社の全額出資子会社として操業をつづけることになっていました。会社の創設者は、五年の雇用契約で社長兼ＣＯＯ（最高執行責任者）の地位にとどまりました。起業家を買収することはできないのだと私が悟る以前のことです。

しばらくして、私たちはこの社長が常習的に酒を飲むと人が変わることを知りました。家でも、また会社でも酒を飲んでいました。この習慣は、酒の勢いに押されて、顧客がいてもいなくてもオフィスで性的行為に及ぶという性癖へと悪化したのです。

何度も警告を繰り返しましたが、結局この男を解雇しました。彼は訴訟を起こしました。二年後、法的費用を途方もなく注ぎ込んだあげくに裁判に入ったのです。まず学んだのは、自分と同レベルの人によって裁かれるというのは悪い冗談でしかなかったことです。

陪審員は、失業者から雇用不適格者に至るまでさまざまでした。会社幹部たちも、会社オーナーたちも、その他有給の職に就いていた者は全員陪審員の義務を免除されていました。私たちにとって、望みは無きに等しかったのです。負けました。解雇するという法的権利を私たちが有していなかったからではなく、陪審員一人一人と比較して私たちは偉そうでしかも金持ちだったからです。この経験を反省してみると、ジャック・リンクレターのような人を活用できたなら、一〇分の一の費用ですべてが解決できたと気づきました。

ジャックの仕事が順調であることを私は願っています。ジャックの会社こそ、アメリカが本当に必要としている会社なのです。現在、福利厚生費の削減に関していろいろな話を耳にしますし、これについては何かなされるべきだと思っています。しかし、会社の拡大を目指す起業家にとっては、法的経費の削減も同じくらい重要だと信じています。ですから今度不快な兆しが見えはじめたら、弁護士を雇ってあなたがどれほど正しいか説明する前に、あなたのジャック――プロダクティブ・コンフリクト・マネジメント社のような会社――を探し、早急に、そして経済的に問題を解決してください。そういった会社が見つからなければ、専門家を捕まえて自分自身で創設するのです。現役を退いた裁判官や、もっと適格なのは退職したCEOを捜し、紛争を審判してもらえるよう依頼するのです。ジャックの会社ほどには、創意に富んで独創的ではないかもしれませんが、つまらない目的のためにお金を注ぎ込むよりはましです。

ですから、起業家のみなさん、聞いてください。「法廷から遠ざかるのです！」

幹部が離反するとき

ある日、弁護士から電話がありました。その電話は、その日一日を台無しにしてしまうのに充分なものでした。その声は過去からの声、かつて私のもとで働いていたある男の声でした。電話そのものは単に寄付金を求める他愛のないものでした。しかし、ほとんどの起業家が遅かれ早かれ直面するであろう、ある出来事に関する記憶を呼び起こしたのです。

私は起業家人生において覚え切れないほど何度も悲劇に直面してきました。そのうち何度かは自ら招いたものです。そのほかのケースは、目を光らせることができない外部の力が起こしました。

忘れられないエピソードがあります。上級幹部、つまり私が最も信頼していた人間たちが、私や会社に離反する行動を起こしたときのことです。今まであなたにこのような出来事が起きていないとしても、いずれ起こります。ですから、私の悲しい身の上話に耳を傾けてください。

あなたが知っている登場人物がいないかどうか確かめてください。

話は一九六〇年代前半、南部の小さな町で、若手の弁護士と出会い、不動産取引を私に代わって処理してくれるよう契約を交わしたところから始まります。彼の実力に私はいたく感激しました。私たちの関係は次第に、弁護士と依頼人から、友人同士に変わっていきました。彼の才能は、小さな町の弁護士に留めておくにはもったいないということは明らかでした。

私にとっては、活気に満ちた時期でした。世界規模の軍事基地内販売会社は、アメリカ全土と世界一五カ国に支社を広げており絶好調でした。さらに私は、フォーミュラ409社を倒産の危機から救って手に入れて、全国規模のブランドを生み出しつつあったのです。ちょうど社内の顧問弁護士がそのころ辞任し、後任を探していました。彼はぴったりの人物だったのです。ここではザックと呼ぶことにしましょう。ザックは小さな町を去り、ニューヨークに移り、私が最も信頼する副社長となりました。私とザックはまるで兄弟のようでした。

一九七一年までに、すばらしい出来事が数多く起きました。フォーミュラ409は全国ナンバーワンのスプレー洗剤になったのです。軍事基地内販売会社とフォーミュラ409は合併し、ハーレル・インターナショナル株式会社が誕生し、公募増資は大変な成功を収め、409はクロロックス社に売却され、会社はフロリダ州ジャクソンビルに移転しました。あらゆる点で、ザックはよくやっていました。ザックの金儲けに対する関心も、彼の才能とともに大きくなっていきました。小さな町の弁護士から非常に尊敬される取締役副社長、そして会社の顧問弁護士へ。

一三名からなる取締役会のうちの、三名の社内役員の一人として、ザックは株主に関連することがらや社外役員たちとの調整にあたるという任務に携わっていました。

■――乗っ取りのたくらみ

一九七二年と七三年は、ハーレル・インターナショナルにとって、いい年ではありませんでした。409を売却した際、突如として七〇〇〇万ドルを手にしていたのです。当時にしてみれば、七〇〇〇万ドルといったら莫大な額です。

不運にも、税務のアドバイスがひどく、売却益を一二〇日以内に処理しないと、国税庁に不要な累積準備金として、超過利得税をかけられる恐れがあると忠告されたのです。唯一の解決策は、すべての現金を会社の買収に使うことでした。

一つだけアドバイスがありました。実際活動している会社を買収する必要があるというアドバイスです。不活動の事業への投資では認可されないでしょう。何が何でも使わなければならない場所を探して、小切手帳を手にした起業家は悲劇のヒーローでした。

それにしても、七〇〇万ドルを一二〇日で使い切るというのは難題でした。活動していた事業は何でも買収して回りました。大農場、マリーナ、建設会社、保険会社までも。気前のいい買い物を終えて、それ以上国税庁について心配する必要はなくなりました。しかし、別の小さな問題が持ち上がったのです。資金がショートしはじめていました。株価の下落、株主からの不快な手紙、金融界からの絶え間ない電話、銀行調査の要請がつづき、これまで私のすべての行動に賛同していたことを自分勝手に忘れた役員たちが本気で怒りはじめたのです。たちまち起業家ハーレルは楽しい気分ではいられなくなってしまいました。

そして、のどかなある日、所有していた農場を売却するためにテキサスの田舎にいたときのことです。まだ私と口を聞いてくれていた数少ない役員のうちの一人に電話を返しました。「ウィルソン、この臨時取締役会とは何のことだい?」彼は尋ねてきました。「何の役員会だって?」私は尋ねました。沈黙、長い沈黙でした。「何の役員会のことを言っているんだ?」私はもう一度聞きました。それでも答えは返ってきません。しばらくして「まあ、私にわかっているのは、明日の朝九時にニューヨークで臨時取締役会が召集されるという書留郵便を受け取ったということだけだよ」と。私はニューヨークへ向かいました。

渋滞を避けられず、一五分遅れてしまいました。役員たちは集まっていました。議題は短く単純明快で、「社長兼CEOをハーレルからザックに交代する」というものでした。私が不意に登場したことで、この役員会は中止され、次の議題の臨時役員会がつづいて行われました。議題はシンプルでした。

「ザックを解雇する」

さて、あなたが今、「でもそんなことは私に起こりっこない」と思っていることはわかっています。あなたはまぬけです。あなたのもとにはザックがいないと言うんですか。この世界はザックで溢れています。姿かたちもさまざまですし、弁護士であるともかぎりません。何人かに会ってみたいなら、幹部全員にいっせいに電話をかけてごらんなさい。誰もがあなたの地位を手にしたいと言うはずです。

もしいなくても、奪いたいと思っている人物に交代したほうがたぶんうまくいきます。あなたの地位を狙っている、しかも厚かましいほど積極的であるということが成功という文字なのです。それはザックという文字でもあります。問題はもしではなく、いつそして誰がなのです。

■——あなたの「ザック」は誰だ？

株の五一％を所有しているから解雇されることはないと、今私をバカにしている起業家たち、にやにやしていてはいけません。ザ、ッ、クはあなたにも同じことを違うやり方でしかけてきますよ。私はテキサスでの電話で知りましたが、あなたもそういうことがあれば危機感を持ったでしょう。信頼していた従業員が、顧客の半数だけではなく非常に信頼していたそのほかのザックたちも引き連れて、ライバル会社を設立しているのです。まあ、ほとんどの起業家はまずこういう形で、スタートを切るのですけれどね。

私の話から得る教訓は、どのように組織からザックを追い出すかということではないのです。ザックなしでは会社を創り上げることはできません。人間性を変えるよう提案しているのでもありません。言いたいのは、いずれこういうことが起きるから覚悟して、ということです。

私が犯したミスは単純なものです。ザックが個人的に親しい友人であったため、ザックを信用しすぎていました。委ねるべきでない職務をザックに委ねてしまったのです。役員たちと株主たちとの調整にあたらせたことです。それは幹部役員と最大の顧客や取引先を、あなたより親密にさせることと同じくらい愚かなことです。あなたのビジネスが何であれ、委ねてはならない職務があるのです。

最後にアドバイスを一つ。つねに油断せず、警戒を怠らないようにしてください。私が失敗したことを繰り返さないでください。過大な自負心にとらわれすぎて、「ザックたち」を見逃さないでください。

私の父は、父自身も含めて誰一人として読み書きもろくにできないような時代に、世界を相手にしていた起業家でした。その父が伝授してくれた名言を紹介したいと思います。

「毎朝、家を出る前に一人になれる場所に行きなさい。そして自分自身に問いかけなさい。私を困らせるクソ野郎が今日はどこにいるだろうかと」

あなたが一番に処理する仕事はそれです。

組合と起業家の関係

起業家にとって、組合が会社の周りを嗅ぎ回っていることを突然知ったときほど怖いものはおそらくありません。信頼している従業員の一人が、会社を組織化しようと組合と手を組んでいる可能性があるのは悲しいことです。

あなたが多くの起業家と同じであれば、まず誰が不誠実なクソ野郎なのか見つけ出して、解雇してやると考えるでしょうね。もちろんそのとき、あなたにも、三六〇キロのゴリラが群れになって襲いかかってくるのがどんな感じかわかるでしょう。当然のことながら、彼らは愛すべき政府の一部分であり、起業家の人生を不幸にするために作られた強大な出先機関の一つなのです。

■——会社が壊れていく

ひとたび労働組合への加入が進行しはじめると、起業家は格別に暗い日々、眠れない夜を過ごさねばなりません。私の生涯を振り返ってみても、あのような怒りや苛立ちを覚えたことはほかにありません。一九八〇年代まで遡ります。会社はものすごい勢いで成長し、売上高は五億ドルを超えていました。

何社もの子会社を持ち、サンフランシスコにもそのうちの一社がありました。七五名の従業員を抱える食品ブローカーの会社で、販売員と管理スタッフのみでした。一見すると、労働組合が組織されそうな会社ではなかったのです。しかしたまたま運の悪いことに、トラック運転手の組合活動家を夫に持つ秘書を雇ってしまったのです。

突然、この子会社に労働組合が組織されました。地元の幹部たちは動揺していました。幹部たちは労働法に関してはまったくの素人でしたので、労務弁護士を雇い入れ、彼が突如として会社を経営することになりました。業務も同様に突然急ブレーキをかけて止まってしまいました。販売や業務などという日常的なことを誰もやらなくなりました。組合との話しあいや政治的工作に忙しくなりすぎたのです。驚くべきことに、わずかの差で組合側が勝利してしまいました。

組合に毒された起業家の話し方やジェスチャーをたっぷりと演じて、みなさんを楽しませようとは思いませんが、やろうと思えば何時間でもできます。恐れおののきながらすばらしい組織がめちゃくちゃの状態へと堕落していくのを眺めていると、関係者たちの様子がだんだん変わっていくのがわかります。

組合反対派の人々は、組合支持派の従業員と口をきかなくなりました。お互いに、特に顧客に対しても話をしなくなっていたのです。例の秘書自身が務める組合代表のチェックなしには、経営陣はボーナスの支給、昇進も昇給さえもできませんでした。この話はいくらでもつづけられます。でもこの会社を売却したと言うにとどめておきましょう。そして予想どおり、しばらくしてこの会社は倒産しました。

■──あとの祭り

当時、私は多くの関係者を責めました。しかし考えてみれば、本当の犯人は私だったのです。

多くの従業員を抱える大規模な会社になっていました。そして多くの大企業が行っていることをしていました。人々を頭数で数えていたのです。今日私が知っていることを当時悟っていれば、あの会社に組合がのさばることはなかったでしょう。

もし私が起業家精神を会社に浸透させていれば、もし創造性を引き出し、一人一人が会社に貢献するように工夫していれば、もしクリエイティブな仕事を認め報酬を与えていれば、もし従業員一人一人にオーナー感覚を持たせ、思いどおり働かせていれば、従業員に自己防衛の要求が頭をもたげてくることは決してなかったでしょう。そして組合も存在しなかったでしょう。しかし哀れなことに、私も業績に責任を負う大企業のＣＥＯの一人だったのでした。

■――労働組合が必要とされる時代は終わった

これではまるで私が根っからの組合つぶしのように聞こえるのはわかっています。きっとそうなのでしょう。そうは言うものの、労働組合がどうしても必要だった時期があったことは理解しています。また忘れないように言っておきますが、我が国のために労働組合がしてくれたことで、皆永久の恩恵を受けているのです。労働組合がなければ、アメリカ、そして世界に中流階級は存在しなかったはずです。起業家が手がける商品やサービスを買う人は誰もいなかったでしょう。

労働組合が産業革命を始動させたエンジンとなっていたことに、疑う余地はありません。しかしその産業革命は起業家革命にとって代わられました。この交代劇によって、遅かれ早かれ、労働組合が犠牲となるでしょう。本当を言いますと、もし起業家が職業人生を通して、起業家精神を失わなければ、今日の労働組合は存在しないのではないでしょうか。しかし不運にも、起業家の変遷の第三段階（存在感のない社長の時代＝「手放す」段階）に達すると、起業家であることをやめ、あらゆる自由な風潮に水を差す官僚主義者と手を組んで、単なる大会社のCEOになってしまうのです。組合にとっては喜ばしい時期です。

よく観察してみると、労働組合が組合員に対してすることは、苦情を言う機会を与えてやることです。賃金や手当から始まるかもしれませんが、すぐに組合と会社幹部間のたちの悪いもたれ合いに発展します。終わりへの始まりが始まるわけです。

しかしそれは昔からつづいていることです。明日に生きる起業家はもっとうまくやるでしょう。幹部を含めた全社員を完全に自由にすることこそが、真に洞察力あるリーダーシップへの唯一のパスポートであることを学んだのです。

自由を持ちつづけること

起業家というものは、自分の起こした会社が大きくなるにつれて、お金を儲けたり、会社組織をしっかりしたものにしたり、物を売ったりすることに夢中になるあまり、自分を成長させた、ただ一つの最も大切な資質——起業家精神を自分のなかに育んでいくのを忘れてしまうものです。

会社の成長のスピードが早ければ早いほど、成功すればするほど、この特別な資質を無視してしまうのです。起業家が自滅していくのを黙って見ているのは本当につらいものです。しかし、このことは歴史上、何度も何度も繰り返されてきました。ですからもし、あなたがそれほど注意深い性格でないならば、これからお話しする教訓を真剣に聴いてください。これらの言葉は私がとても大切にしてきたものでもあります。

大企業と起業家精神、この二つは両立しないものです。「大」というのは相対的な言葉です。

起業家にとっては、たった二人の会社でも会社でしょう。ゼネラル・モーターズのことを話しているのではありません。あなたのこと、あなたの起こした会社の規模がどのようなものであろうとも、あなたのことを話しているのです。

成長していく会社みんなが苦しめられる病気、私が「反起業家病」と呼ぶ病気があります。この病気は、会社を起こした初期のころに発病し、野火のようにあっという間に広がります。フォーチュン五〇〇社に数えられるようになるころには末期的症状になっていたりします。

私は時折コンサルタントとして大企業に呼ばれ、この反起業家病を治療するように頼まれることがあります。役割は二つあります。一つ目は、彼らに起業家の思考様式というものを説明して、営業努力をもっとしなければと思わせるようにすること、二つ目は、会社組織のなかに起業家精神を浸透させるようにすることです。

考えてみれば、そんなところでコンサルタントをしているなんて驚きです。「起業家」という言葉は、ついこのあいだまで企業社会では安易に口にできない言葉だったのですから。もしあなたがこの言葉を口に出し、誰かに聞かれてしまったとしたら、もう将来はないも同然でした。

会社の重役連中が集まるようなカクテル・パーティによく顔を出していたころ、「君は誰のところで働いているのかね」と必ず尋ねられたものです。「誰のところでもありません。私は起業家ですから」と答えると、みんな私から離れていきました。まるで伝染病患者であるかのように突然取り残され、一人で飲んでいたものです。ところが今や状況は一変しました。みんなが何かを望んでいるのです。起業家という、あまり理解されていなかった暗闇に少しずつ光が当たり、理解されるようになってきたことを、私は嬉しく思っています。

■――起業家を突き動かす力

このコンサルタントの仕事をするとき、最初の会議でお気に入りの質問をします。「起業家を突き動かすものは何だと思いますか?」

みんなの答えは最初からわかっていますから、答えは自分で黒板に書いていきます。お金、権力、影響力など。それからその言葉を全部消して、代わりにたった一語書きます。「自由」と。そして、こんなふうにつづけます。「起業家精神を刺激するものは、自由への欲求です。自分自身でいられる自由、大衆から抜きん出る自由、アイデアを思いつき、そのアイデアを事業に変え、できるならその会社を帝国にしてしまう自由です」と。

「自由」という言葉はとてもシンプルな言葉ですが、人類の歴史上、最も影響力を持った言葉です。ベルリンの壁を飛び越える危険を冒した人々とアメリカの起業家とのあいだに、それほど大きな違いがあるとは思いません。どちらも同じ力——自由——に突き動かされたのです。

では、何が間違っていたのでしょう？　アメリカ株式会社はどこでその道を見失ってしまったのでしょう？

私たちの先祖は、母国での牢獄の鎖や足かせを逃れるため、自由を求めてアメリカにやってきました。それなのに、結局自分たちだけでなくその子孫たちまでもが、知らぬ間にもっと狡猾な鎖につながれることになってしまったのです。私はその鎖を「金色の手錠」と呼んでいます。その手錠は目に見えないものですが、目に見える手錠と働きはまったく同じです。

大企業というものはどうしてあんなにまぬけになれるものなのでしょう？　私たちがどこから来たのか知らないのでしょうか？　自由は私たちが生まれながらに持っている権利であることを知らないのでしょうか？　手錠をかけられた従業員で一つのチームを組織するなんて、いったい誰が思いついたのでしょうか？

もちろん「金色の手錠」は病気そのものを意味しているわけではなく、単なる兆候に過ぎません。役員だけが人間でその他大勢は無知な大衆であるという大企業の信念、賢明な判断は本社の経営陣だけができるという大企業の思い込み、責任は自由にほかに委譲できるけれど、権威だけは決して譲り渡すことはできないという大企業の身勝手さ、こういったことこそが病気なのです。アメリカ株式会社が困った状態にあるというのは、ちっとも不思議ではありません。新聞を開くたびに、大企業がまた大いなる墓場への道を突き進んでいるという見出しが目に飛び込んできます。

大企業のバカげたポリシーは、起業家革命が進展して世界を変える以前の時代、大企業同士で互いに競争しているかぎりにおいてはうまくいっていました。今日ではこれらのぶざまなゴリアテたちは無視できない新たな経済力――石を手にしたダビデの集団――を相手にすることになりました。★ その相手とは、自由とはどんなものであるかを理解している起業家たちのことです。

★イスラエルとペリシテの戦いの際、ペリシテの巨人戦士ゴリアテはイスラエル軍に一対一の戦いを挑んだ。応じた少年ダビデは投石ひもを用いた一撃で大男の額を砕き、イスラエルに勝利をもたらした。(旧約聖書サムエル記上一七章による)

■――自由こそすべて

さて大企業とその問題についてはひとまず忘れて、あなたの話に戻りましょう。あなたは大企業と同じ道を歩んでいないと確信を持てますか？　会社が大きく成長して権限や職務を他人に委任するようになったら、起業家精神というものを忘れずにみんなに伝えなければなりません。起業家精神を共有の財産にするのです。決して一部の専門家にハーバード大学や大企業で習った仰々しい計画を立案させてはなりません。

有効な方針が一つ、たった一つだけあります。いつでも誰もが自由であるという状態にしておくことです。あなたのところで働いている人たちは、みんな自由に対する飽くことのない欲求を持っていると忘れてはなりません。みんな起業家精神を持っているのです。誰かがその炎に水を差すことがないようにしてください。自分たちは貢献していると実感させるのです。これはみんなに意思決定を委ねることを意味しており、リスクを負わせるものです。そして頭のいい誰かが考え出した方法によって会社に縛られているのではなく、みんなが自分から望んで会社にいるようにすることです。

結局、お金や権力や影響力、休暇や退職制度といったものは、すべて二次的なものに過ぎません。自由にこそ力があるのです。自由を賢く使って巨人のゴリアテを倒しましょう。

フォーチュン五〇〇社を経営するトップたち

フォーチュン五〇〇社は今、雑草が竜巻に巻き込まれて飛ばされるよりも速いスピードで倒産しています。何がそれに取って代わると思いますか？　起業家ビジネスです。有史以来、アメリカにおいても、また世界中どこにおいても、いまだかつてこのような経済界の混乱を経験したことはありません。

フォーチュン五〇〇社に載るような、やたらと大きく経営資源も豊かな大企業が、一握りの成り上がりものの会社にこてんぱんにやられるなんていうことが、いったい起こりうるのでしょうか？　過去二一〇年間、アメリカ中の起業家たちは、ビジネスのあらゆる分野で努力し、経済界に大混乱を巻き起こしました。なぜそんなことができるのでしょうか？　いっしょに答えを探しましょう。

私は今までにフォーチュン五〇〇社の多数のCEOの方々とお会いして個人的に親しくなる機会に恵まれてきました。ともに仕事をし、ともに遊びました。挫折を分かちあい、成功をともに喜んできました。そうした過程で、私はアメリカ株式会社を経営している人たちの思考様式について多くのことを知るようになったのです。

一方、経済界のもう一つの側面であるアメリカの起業家についても、私はかなり多くのことを知っています。起業家団体創立のメンバーであるという個人的な経験からだけでなく、過去五年間、自分のほとんどの時間を割いて、数え切れないほど多数の起業家と話し、起業家について書き、起業家のためにしゃべり、起業家の相談に乗ってきたからです。

こんなふうにフォーチュン五〇〇社のトップの人たちと起業家の両方を知る機会を得て両者を比較するうちに、我が国の、そして世界中の巨大企業のほとんどは、食糧が尽きるのをただ待っている恐竜のようなものだとの結論を抱くようになったのです。もちろん彼らは、また同じ運命をたどることになる別の大きな種に取って代わられることになるでしょう。こうしたことがつづいて同じようなバカげた歴史が繰り返されることになるのです。

成功した起業家たちは小さな会社を大きくすることに精を出し、不思議なことに過去に成功した人たちと同じように自滅の道を歩んでいくのです。なぜなのでしょう？　ここで、ビジネス界のどんな神を、誰が、いつ、崇拝しているのか考えてみたいと思います。

■――神よ救いたまえ

起業家たちが未知の世界に向かって恐怖に脅えながら孤独な第一歩を踏み出すのは、そうせずにはいられないからです。巨大企業が当然と思ってきたり、無視したりしていた製品やサービスのニッチを発見したからです。

起業家の典型的なやり方は、まず知りあいから手当たり次第お金を借り、不可能と思われていたことを何とかやってのけます。競走馬（従業員）のチームをまとめて、自分たちを嫌っている銀行や自分たちの存在さえ知らない政府や一〇〇倍も大きい競争相手を向こうに回して、顧客を見つけ、一つの会社を創ってしまうのです。

その過程で多くの苦しみを味わい何度も神に祈るわけですが、起業家が崇拝するたった一つのビジネスの神は、自社の製品と顧客と、夢を共有する従業員です。起業家は朝目覚めると何を考えると思いますか？　自社の製品のことです。もっといいものをもっと安く作るにはどうしたらいいか、新しい顧客に売るにはどうすべきかと考えるのです。献身的に働いてくれる従業員のことや顧客のニーズのことなどを考えるのです。

ではここでフォーチュン五〇〇社を経営しているトップたちのことを考えてみましょう。彼らが朝考えることは何でしょう？　どんな神を崇拝しているのでしょう？　会社の製品でしょうか？　違います。顧客でしょうか？　とんでもありません。従業員のことでしょうか？　冗談はよしましょう。彼らが朝最初にすることは、ウォールストリート・ジャーナルを手にとるや真っ先に株式欄を開いて、彼らの崇拝する神――ウォールストリート――がどんなお告げをしているかをチェックすることなのです。今四半期の利益が一年前よりも少なくても、天の神なら守ってくれますが、この神は死の宣告をくだします。

自社の製品に何か問題があるとき、利益を削減する勇気が彼らにあるでしょうか？　決してありません。それが、「汝は決して前期よりも少ない利益を計上するなかれ」というウォールストリート・バイブルの唯一の戒律を破ることを意味するかぎり、そんなことはありえないのです。もちろんこのバイブルには、戒律を破ったらどうなるかを示す黙示録★はありません。もしあったとしても救いの言葉はなく、ただ一語載っていることでしょう。「破滅」と。

このようなことすべては何を意味しているのだと思いますか？　起

★黙示録
聖書のなかで、現代及び将来への裁きと救いの見取り図を示す部分。

業家は自分たちの会社を決して大きくするべきではないということでしょうか？　絶対に株式を公開するべきではないのでしょうか？　ウォールストリートは忌むべき悪魔でしょうか？　大きな会社には希望がないのでしょうか？

答えはもちろんノーです。完全にノーです。

これらが意味しているのは、会社の規模には関係なく起業家のトップは決して間違った神を崇拝してはいけない、という単純明快なことです。自社の製品、従業員、顧客こそが会社のすべてだということを、決して忘れてはなりません。忘れないことは簡単なことだと思いますか？　個人的経験から言わせてもらうと、簡単ではありません。

私は約二五年のあいだ、ある株式会社のトップでした。その会社は決して超大企業というわけではありませんでしたが、ウォールストリート・バイブルについて、黙示録も含めて多くのことを知るようになりました。

私が買収したフォーミュラ409は、当時、前のオーナーが経費のすべてを広告に使ってしまうという許し難い罪を犯したため、倒産寸前の小さな公開企業に過ぎませんでした。私たちは債権者と一ドルにつき五セントという条件を取り決め、その製品をアメリカ中に売ることに精を出しました。公開企業の経営についてはまったく何も知りませんでした。ただ、起業家的な考え方を控え、あまりさしでがましいことは言わず、チームをまとめて会社を創ったのです。

売上と利益が増えるにしたがって、私はウォールストリート、特にフォーミュラ409の株の人気をあおっている株式仲買人たちに紹介されるようになりました。若くて頭の切れるMBAたちからの訪問や電話を受けるようになり、会社についてあらゆる種類の質問を受けました。そのなかに誰もが必ず毎日毎日繰り返して尋ねる質問がありました。

「今期の利益はどのくらいになるのでしょうか？　それは去年の同じ時期と比べてどうなのでしょうか？」

私たちのすばらしいアイデアについて、従業員について、顧客がどんなに満足しているかについて、私たちが征服する新しい世界について私は話しましたが、彼らはただ微笑み、皆同じように頷いて尋ねるのです。「今期の利益はどのくらいですか？」と。私の答えがちょうど運よく彼らの聞きたいと思っていたことであれば、彼らは大喜びしたものです。私たちの株が、五〇セントから二ドル、四ドル、八ドルと急上昇していくのを驚きながら眺めていました。ウォールストリートは私を愛してくれました。

■――株価上昇、そして売却

やがて成長をつづけていくために資金が必要になりました。問題などありません。ウォールストリートは私の会社に殺到していました。一株を一四ドルとしましたが、必要額以上の申し込みがありました。売上も利益も四半期ごとにどんどん増加しつづけていきました。株価は一六ドル、一八ドル、二二ドルまで上昇し、なんと信じられないことに一株当たりの利益の四〇倍の値がついたのです。ウォールストリートが私を愛してくれただけでなく、私も自分自身を愛したのです。当然でしょう。

あまりにもすごいスピードでお金を儲けてしまったので、ほとんどいくらくらいかわかりませんでしたが、計算しようとしました。毎日、朝一番にすることは、ウォールストリート・ジャーナルをチェックして、昨日からどのくらいのお金が増えたかを知ることでした。お金持ちになって多くのすばらしい人たちから愛されるというのは、なんという喜びでしょう！　重役用のダイニング・ルーム、贅沢な食事、極上のワイン。給仕長におじぎをされ、はやりの場所で流行の先端をいく人たちと食事をする――。

ジョージアの湿地から出てきてまだそれほど経っていないのに、今や世界のトップに立ち、こんな贅沢な暮らしをしているなんて、我ながら信じられないことでした。

しかしちょっと待ってください。そのあいだに会社では何が起こっていたでしょうか？ フォーミュラ409では何があったのでしょうか？ そんなことにもはや関心はありませんでした。ただ、優秀なCEOがみんなやっていたこと、つまり権限を他人に委譲していたのです。私は社長を雇って仕事を任せました。会社経営のあらゆる詳細について心配するのが社長の仕事で、彼はいろいろな雑事をさせるために何人かの副社長を雇いました。私はと言えば、もっと重要なことがありました。気づかぬうちに、起業家ウィルソン・ハーレルの心のなかでかすかな深い変化が起きていたのです。私は変わってしまったのです。新しい神、ウォールストリートを崇拝するようになっていました。

これらのことは、六〇年代、起業家革命の初期のころのことです。これら初期の起業家のうちの何人かはそのまま残って大成しましたが、残りの人たちは消えて忘れ去られています。私はちょっと違いました。目覚めたのです。親友であり、仕事上のパートナーでもあるアート・リンクレター――彼はショー・ビジネス界で最も多くの新製品を世に送り出した人です――と話していたときのことでした。

アートは私を座らせて、私が自分に対してしていること、夢を分かちあってきたすべての従業員たちに対してしていることがどういうことか言って聞かせてくれました。次の日、髭を剃っていたとき、ようやく鏡のなかに彼の目に映っていた自分自身の姿を発見しました。

数カ月後、４０９をクロロックス社に売却しました。会社そのものは売りませんでした。去っていった従業員は一人もいません。私は再び起業家に戻ったのです。

■——揺るぎない信念を

願わくば、私は自分の目的を果たしたのだと思いたいものです。まばゆい光に幻惑され、優先順位を見失ってしまうのは、恐ろしいほどたやすいことなのですが、もしそうなってしまっても、他人を責めてはいけません。私の場合は、敵を発見しました。その敵は自分自身だったのです。

ウォールストリートで会った人たちは、皆とても有能でとても誠実でした。彼らがいなかったら、４０９は家庭で使われる言葉になることはなかったでしょう。彼らはただ自分の仕事をしていただけなのです。

★ミューチュアルファンド
オープンエンド型投資信託。

ちょっと自分自身に尋ねてみてください。もしあなたが公開株か、ミューチュアルファンド★を買おうとしているとしたら、あなたはどんな質問をしますか？　きっと「利益はどのくらいですか？」とか、「今期の利益は去年の同じ時期と比較してどうですか？」と、尋ねることになるでしょう。

アメリカでは、経済の神、つまり短期利益をこの宇宙における唯一の神として崇拝するように教えていますが、これは正しいことでしょうか？　絶対に違います。我が国にとっていいことでしょうか？　とんでもないことです。

面白い質問をしてみましょう。過去二〇年間、日本人は何をビジネスの神として崇拝してきたと思いますか？　自分たちの製品です。ゼネラル・モーターズ、フォード、クライスラーをはじめとして、優秀な日本製品の出現でマーケット・シェアを失ってきたそのほかの巨大企業は、何が間違っていたのでしょう？　日本人は私たちよりも利口なのでしょうか？　もっとたくさんお金を持っているのでしょうか？　もっと優れたアイデアを持っているのでしょうか？　もっと献身的な従業員がいるのでしょうか？　もちろん違います。彼らはどんなビジネスの神にひざまづくべきかを知っているだけなのです。何年もかけて彼らは私たちの技術革新を盗み、私たちより上手に製造し、私たちのほうへ輸出してきたのです。最大の希望は、彼らが証券取引所にもっともっと公開してくれることです。

大企業やウォールストリートについてずいぶん悪口を言ってしまいましたが、もしもう一度やり直すとしても、きっと株式を公開すると思います。起業家が成長を維持するために資本を増やすには、通常の場合、株式の公開が最も安全で最良の方法だと思うからです。ただし、自分がどこから来たかということと、「どのようなビジネスにおいても神は唯一、製品という神だけである」という起業家の黄金原則とを忘れないかぎりですが。

追伸——起業家の世界にはもう一人、ぶらぶらと歩き回っている間違った神がいます。その神にも気をつけなければなりません。なぜならその神は、あなたがその存在にさえ気づかないうちに、あなたの会社をだめにしてしまうことができるからです。見つけるのは難しいのですが、注意深く見ていれば、今度あなたが鏡の前を通りすぎるとき、間違った神の姿をちらりと見ることができるかもしれません。

Part 5

起業家の創出

起業家と家族

二つのことからお話ししようと思います。一つ目は、どんな起業家にとっても最良のパートナーは配偶者であるということ。二つ目は、考えうる最悪のシナリオは自分の会社に家族を巻き込んでしまうことです。この二つのことは相反しているように思われるかもしれませんが、どちらも真実なのです。どうしてこんなことが起こるのでしょうか？　いい質問ですね。これからお話ししましょう。

どのようなことを申し上げても、それが当てはまらない場合も多いことはわかっています。物事には例外があるからです。しかも信じられないような例外が。しかし例外があること自体、原則が存在することの証明なのです。

もしあなたが事業を始めたばかりだとして、これから危なっかしい船で未知の世界に漕ぎ出していくとき、配偶者をその船にいっしょに乗せていないとしたら、あなたはまぬけです。

あなたはこれから、デートの約束を破ったり、休暇の予定をキャンセルしたり、スポーツの試合や学芸会を見損なったりするような生活をしていくわけですから、家庭には理解あるパートナーにいてもらったほうが確かにいいのです。しかし私がパートナーというときは、消極的な興味しか示さない人のことを言っているのではありません。その反対です。あなたが知っていることすべてを分かちあえる配偶者のことを言っているのです。

もし世界中の人間があなたのことをバカと言っても、あなたを愛してくれる人のことを言っているのです。

繰り返しお話ししてきたように、起業家は、信じられないほどの孤独や恐怖に駆られるものです。生涯のパートナーとどのようにともに生きていったらいいのか、やがてわかってきますが、はじめのうちはまだわかりません。一つポイントをついた例をあげましょう。

一九五三年に空軍を除隊してイギリスで自分の会社を始めたとき、私には一四〇ドルとすばらしいアイデアしかありませんでした。家族は妻と赤ん坊が一人、そして妻のお腹のなかにもう一人いました。アパートには、ストーブとベッド、それにベビーベッドしかありません。オフィスも含めて、そのほかの家具といったら、なかを板で仕切ったオレンジの箱だけでした。

今にも飢え死にしそうでした。もし妻が自分の宝石を売らなかったなら、本当に飢え死にしていたでしょう。私の妻はパートナーだったでしょうか？　もちろんそうでした。ただし、もし真実を知っていたら、彼女の恐怖は私以上のものだったと思います。

それから六年が経ち、子供も三人になりました。パリにある三〇〇坪の大邸宅に移り、使用人も七人抱えるようになったとき、彼女はパートナーから私のビジネスのことを何も知らない奥様へと変わりました。ここがポイントです。

どんな場合でも、配偶者が会社から去るべきときというものがあります。それが正確にいつと言うことはできません。ましてやその方法についてもわかりません。しかしその時期とその理由についてはお話しできます。

配偶者が会社を離れて自分の世界へ戻っていくタイミングは、会社が成熟しはじめた時期がいいでしょう。創業期が終わったころです。最初の副社長を雇う日が、配偶者が消えていくプロセスの始まりであるべきです。はっきり申し上げますから、よく聞いてください。会社にボスは一人しか必要ありません。そしてそれはあなたでなければなりません。

もしあなたの配偶者が会社にいると、共同のボスということになり、この会社を支配しているのは自分であると従業員に納得させる行動や発言ができなくなります。そしてこのことは、銀行や取引先や顧客に伝わり、権力がどこに存在するかをよく知っている弁護士にももちろん伝わってしまいます。

これは簡単なことだとは思いませんが、必要なことです。私の場合は、徐々に妻を説得し、会社に関わる時間を減らし、もっと家族や地域社会のことに関わってもらうようにしました。

もしこのやり方でうまくいかないなら、配偶者にもう一つ別のビジネスを与えてください。あなたはすべきことをし、配偶者には会社から離れてもらうようにしてください。どうしてもうまくいかなければ、議員にでも立候補してもらいましょう。これはなかなかいい方法です。

■——後継者問題

さて、もっと深刻なこと——子供たちのこと——についてお話しましょう。起業家として、私たちは自分の子供が跡を継いでくれることを望んでいます。自然なことです。私たちは恐ろしい起業家人生を歩んでいますが、子孫にも同じことを望んでいるのです。しかし私たちを起業家に仕立てたその資質こそが、子供たちを会社に入れるということを許し難くしています。たとえ入れることができたとしても、社内のほかの人間が反対するかもしれません。子供たちは結局失望し、私たちに腹を立てることになります。

何か方法があるでしょうか？　あります。ヨーロッパでは昔、父は息子を一人前になるまでほかの職人のところへ年季奉公に出しました。あなたの子供たちにも、副社長や役員にする前に、ほかの起業家のところで修業させるのです。絶対に大企業に送り込まないでください。起業家精神を汚されたり、社内での出世の階段を登る方法を教えられたりするからです。

最後になりましたが、ほかの家族についても問題があります。つまり、義理の関係の家族、姪、甥、叔父、叔母などです。私は親族が起業家にとって奇跡のような役割を果たした例をいくつも知っています。しかし、同族経営の会社の重役全員にアンケートを採ったら、「あなたの身内の人間は無能力でバカで怠け者だ」という評判を聞くことになるでしょう。彼らのそういう非難が正しいかどうかは問題ではありません。彼らがそんなふうに考えること、そういう非難が会社中に蔓延することが恐ろしいのです。

ついでに言うと、今まで偉そうにお話ししてきたいろいろな起業家の原則を、自分では平然と破ってきました。でも私は生き残りました。だからあなたも破ってしまうに違いありません。私の話してきたことすべては聞き流してしまうのでしょうから。私がこの本の著者ではなく読者だったなら、やはり聞き流してしまうでしょう。まさか、自分が著者になるとは。

あなたの子供を真の起業家に

起業家が育ってきた境遇というのは、実にさまざまです。裕福な両親から生まれた人もいれば、ひどく貧しい環境で育ってきた人もいる。田舎の農場からやってきた人もいれば、都会のスラム街で育った人もいる。あらゆる背景が考えられます。何の共通点もないように見えますが、本当にそうでしょうか？　私はあると思っています。

私は、すべての起業家の背後にはその人を起業家にした誰かが必ずいると確信しています。決して消えることのない炎に火を灯した誰かです。誰でしょう？　彼らをこよなく愛した人々、たいていは彼らの両親です。私は、すべての母親と父親には子供たちに起業家精神を吹き込む能力があると信じています。ですからもしあなたにお子さんがいるのなら、お子さんの運命を左右するのはあなただという事実をしっかり受け止めなければなりません。親としての責任はほかの誰にも、先生にも、雇用主にも、転嫁できません。起業家を育てるのは、家庭であり、ほかのどこでもありません。子供が産まれたその日から、家庭の外の世界は起業家精神を絶望的なほどに抑え込もうとします。

もし私の言うことが信じられないのなら、学校のカリキュラムを調べてごらんなさい。ビジネスの始め方や規則の破り方、あるいはほかの人とは違った生き方を生徒に教えるコースがありますか？　新しい製品を作ったり、会社を創業したりする喜びを教えるクラスがありますか？　自問してみてください。この社会のなかに、起業家になるようにお子さんを励ましてくれる場所がありますか？

では子供たちが初めて仕事に就いたとして、彼らに起業家になる方法を教えようとする雇い主をあなたはご存知ですか？　今後出てくるかもしれませんが、今のところはまだいません。

■——起業本能を育てる

結局のところ、父親と母親なのです。もしあなたが子供たちの起業本能を育てなければ、子供たちを起業家にすることはできないでしょう。起業家精神を育てる仕事は、家庭の仕事です。簡単ですからその方法をこれからお話ししましょう。

どうしたら子供たちに起業家精神を教え込むことができるでしょうか？　息子や娘たちに独力で何かをさせることです。言い換えれば、彼らに意思決定させることです。生まれたときから、彼らがイニシアチブをとったり、何かを成し遂げたら、それがどんなに小さいことでも必ず褒めてあげてください。日常の雑事をわくわくするような冒険に変えてしまうのです。この家庭での起業家精神のすばらしいところは、それがまったく自然な行為だという点です。人間は生まれてから死ぬまで、創造的でありたいし、何かに貢献したいと望むものです。問題は、この神から与えられた本能を、特に若いうちにどうやって踏みにじらないようにするかです。

■――少年起業家

今日の私があるのは、父のおかげです。父は典型的な小さな町の事業家で、農場と綿繰り所と製材所と雑貨店を経営していました。私は革ひもでつながれた子犬のように父のあとをついて歩いていました。

六歳のとき、私は最初の会社を創りました。レモネードスタンド★です。父がレモンと砂糖を買うお金をくれて、私が実行したのです。毎

★レモネードスタンド
レモネードを売る屋台。子供が行うビジネスの代名詞的にも使われる。

月父と私はきちんと営業会議を開いて利益を分けあいました。父に分け前を渡したとき、私は身長三メートルの大男になった気分でした。六つのレモネード店と自分の名義の銀行口座を持つようになっていました。七歳のとき、父からこの店の権利を買い上げました。それはなんと記念すべき日だったでしょう！

一一歳になったとき、父は私を綿繰り所の綿の仕入係にしてくれました。当時私の住んでいた小さな田舎では、農民たちは換金作物として綿やタバコを育てていました。収穫期になると、彼らの生活は作物からどれだけの収入を得られるかにかかっていました。

綿を繰って荷物の形にすると、もう売る準備はできています。ライバルの業者は近いところでも三〇キロ近く離れていてラバと荷車で行くには遠く、農民たちは多かれ少なかれ我がハーレル家の言いなりでした。父が私に綿の等級づけと仕入れの責任を任せてくれたことは、わずか一一歳の少年に恐ろしいほど大きな責任を与えたことだったのです。

私が綿についてよく知っていたことをつけ加えさせてください。父が何年もかかって教えてくれたからです。切るときは束を引っ張ること、見本をよく見て匂いと味わいから綿の等級を決めること、その等級が価格を決定することを、私は知っていました。

最初に会った農夫のことは決して忘れられません。私がその農夫のチケットに等級のマークをつけると、彼は私を見て頭を振り、父を呼んで言いました。

「エリアス、わしの綿の等級づけをするにはウィルソンは若すぎるよ。来年の生活がかかっているものを一一歳の子に決められるんじゃ、懸命に働いてきたかいがないよ」

父は私と違って寡黙な人でしたから多くは話しません。「彼の等級づけは確かなものだ」とだけ答えて立ち去っていきました。その翌年から私はたくさんの綿の等級づけをするようになりましたが、父は決して私のつけた等級を人前で変更しませんでした。

私たちが二人だけのときは、父は私のつけた等級をチェックすることがありました。私のつけた等級が低すぎた（少なく支払っていた）場合は、もう一度やり直すように言い、その農夫のところへ行って「息子が間違えたから」と言って不足額を支払いました。そのやり方は、私に自殺せよというよりはずっとましでしたが、それに近い感覚でした。私がつけた等級が高すぎて多く支払ってしまった場合には、父は無言でただ私を見るだけでした。長々とお説教されるよりもずっとこたえました。

起業家というものについて父が何かを知っていたかどうかはわかりませんが、責任を与え、背後から支えることによって少年を一人前の男にする方法については、恐ろしいほどよくわかっていたのだと思います。

私の利益の取り分は少ないものでしたが、結局は公正さが商売になるのだということを学びました。また、間違いを認めてそれを正す意志があれば、顧客は必ず戻ってくるものだということも学びました。そして誠実さは法律の文章にあるのではなく、生き方そのものにあるということもわかりました。何年にもわたって、ずっと大切にしてきたこのような生き方が私の名声に結びついたわけです。私は起業家にならずしてほかの何になれたでしょうか？

■――子供を指導者に育てる

あなたの場合はどうですか？　指導者を育てていますか？　それとも従者を育てているのですか？　息子や娘をビジネスの世界に入れる方法を探しているのですか？　もしあなたが何らかのお小遣いを彼らに支払っているとしたら、すぐにおやめなさい。その代わりにジョイントベンチャーをスタートさせるのです。

自由をください

この国のほとんどすべての人間がアメリカ政府の恩恵を受けているとすれば、実に私たち起業家を侮辱した話です。というのはたった一つ、完全な例外があるからです。その例外とは急成長して成功した会社を経営している私たちアメリカの起業家です。

この国で新しい雇用を創出している起業家が、州政府や連邦政府からまったく無視されていることを考えると、私の血は怒りで煮えたぎるのです。「甘い汁を吸う」ということになると、私たちの順番はホームレスよりもあとで、テーブルの一番最後にやっとあずかれるというありさまです。政府が私たちをまったく無視するというなら、無論それはそれで構いません。しかしそうはいかないのです。ほかの連中に配るお金が必要になると、政府は必ず私たちのことを思い出すのです。

起業家に税金をかけようとか、起業家のビジネスを規制しようという最近の政策を新聞記事で読むたびに、私は大声を上げたくなります。ワシントンの連邦政府のことだけを言っているのではありません。あらゆる村・町・郡・州の政策も同じようにおかしいからです。ロビイストやその仲間連中が私たちから直接くすねることができなかったものを、官僚たちは間接的に巻き上げていくのです。つまり、バカ者たちが失業しないようにと作り出した何百万枚もの書類を埋めるだけのために、弁護士や会計士やコンサルタントを雇わざるをえないようにしているのです。これは悪夢です。

■——あきれた連中

最近、州議会が労災保険で支払われる金額を増やす決定をしたという記事を読みました。そんな些細なことをわざわざ立法化した連中が誰だかはわかっています。政治家、ロビイスト、労働組合、官僚、そしてもちろん弁護士です。しかし明らかなことですが、そういう決定を行う際に、請求書の支払人である起業家が座るべき椅子が一つ空席のまま残っています。

起業家はどのようにして支払うのでしょうか？　もちろん税金を通じてです。しかもひどいことに、会社が急速に発展しなかったから、雇用を多く生み出さなかったから、コンピュータや電話や自動車を大量に買わなかったから、などという理由でも負担を強いられるのです。労働者災害補償保険の増額は公平なことでしょうか？　そんなことは、私にはわかりません。頭にくるのは、私たちがその決定に関与することができなかったという点です。起業家たちが決して招かれることなく決定される、こういった事例がこのアメリカに何千もあることを思い浮かべてみてください。

自分たちが当然払うべき応分の負担を払いたくないという人がいるとは思っていません。ただ私たちにも公平さを要求する権利はあるはずです。過去一〇年間政府は、起業家全員の銀行の債務を完済できるだけの金額を、海外の国々に支払ってきました。というより、みすみす与えてきました。もし政府が急成長企業の債務を保証してくれれば、失業問題を解決できます。アメリカ株式会社がリストラや規模の縮小を決定して景気後退を招く以前のいい状態に、一夜にして戻すことができるのです。

■——私たちは見捨てられている

ほとんどの政治家が、行政府のＳＢＡ[★1]が起業家の仕事を支援していると考えているのは、悲しむべきことです。「それは違う」と言わせてください。アメリカ中のいろいろなグループに話すとき、いつも「あなた方のうちの何人がSBAを通して借金をすることができましたか?」と尋ねることにしています。たいていは誰も手を上げません。

しかし最近、ある男性が立ち上がって「何度も何度もやってみましたが、自分が与信不適格者であるという、非常に深刻な個人的問題を抱えていると気づきました」と言うのです。「いったい何ですか?」と尋ねると、彼は悩みを打ち明けるようにこう言いました。「私は白人で、異性愛者です。車椅子も使っていません。男性で、妻や子供といっしょに自宅に住んでいます。一所懸命働いて、会社を大きく成長させて成功させ、リストラもしてきませんでした。会社更生法★2の適用を受けたこともありません。言い換えれば私は見捨てられた人間なのです」それだけ言って彼は座りました。

聴衆も私も笑い転げました。しかし何という大真面目で理にかなった意見でしょう。そして何という非難を含んだ意見でしょう。SBAが社会問題を扱うのは正しいかもしれませんが、政府のわけのわからない機構のなかで、誰かが、雇用を生み出している起業家を支援する方策を考えはじめなければなりません。

★1 SBA
中小企業庁。中小企業を助成・監督する連邦政府組織。

★2 会社更生法
チャプター・イレブン。

■——起業家にも責任がある

しかし、本当のところは誰に責任があるのでしょうか？　あなたであり、私であり、私たちの同胞すべてのアメリカ人にあるのです。

私たちの週平均の労働時間は七〇～八〇時間ですから、何らかの組織に参加する時間がありません。政治に参加する時間も確かにありません。ただ謙虚に無我夢中で働き、雇用を創り出し、経済を拡大させ、その結果無視されているのです。違いますか？　違わないでしょう。

しかしこれは、正しいことではありません。あなたにとっても、あなたの子供にとっても、そのまた子供にとっても、正しいことではありません。そして政府にとっても、ドジを踏んだすべての国民にとっても、決して正しいことではありません。もしあなたが、こういう不幸な状況はもうなくなりつつあるとお考えでしたら、それはまったく間違っています。正反対なのです。事態はもっと悪くなっていきます。もしこのまま無知な政治家にあなたの人生や未来の計画を任せておいたなら、みんな大変なツケを払うことになってしまうでしょう。

「景気急上昇」の招き方

もし史上最大級の景気急上昇を引き起こしたいと望む政治家がいるならば、あっという間に実現できる方法を教えてあげましょう。六カ月以内に我が国は、史上例を見ないほどにエンジンがかかりはじめるでしょう。そのためには、起業家を自由にしさえすればいいのです。

■——景気後退の原因

まず最初に、もう一度景気後退の原因について考えてみましょう。答えは単純です。アメリカの成長企業が成長をストップせざるをえなかったからです。政府が、この国における起業家の活動を決定的に阻害する足かせをつけたので、突如として雇用を生み出せなくなってしまいました。

議会がキャピタルゲインを事実上なくしてしまう税法案を通過させたとき、起業家が資本を調達するための主要な資金源が一瞬にして干上がってしまったのです。起業家は突然、ほかの、より安全な投資対象とまともに競争せざるをえなくなってしまいました。議会は、ウォールストリートの野心家や不動産屋の抜け道を塞いでしまう法律を通過させることによって、赤ん坊を波打ち際に放り出したのです。

それでも充分でないらしく、政治家と圧力団体は、アメリカの貯蓄銀行が世界の巨悪になることを許可する法律を通過させました。強欲が合法化されたのです。辺ぴな土地の不動産取引とＬＢＯ★が不透明な資金調達の温床となり、不誠実なエリートたちがそこに巣食いました。

結局、誰がお金を出したのでしょうか？　もちろん納税者です。しかし納税者だけではありません。起業家はもっと高額のツケを払っているのです。なぜならばすべての銀行、特にほとんどの中小企業への貸手である小規模の独立銀行に対して、是正措置が集中的に適用されたからです。起業家は自分の事務所さえも借りられなくなりました。

さらにひどいことに、「起業家（Entrepreneur）」という綴りさえ満足に書けない取締官にとり

★ＬＢＯ
レバレッジド・バイアウト。買収先企業の資産を担保に買収資金の大部分を調達する手法。八〇年代のアメリカで盛んに用いられた。

入ろうとする鈍感な銀行マンによって、安全確実な貸付金まで制限をつけられたり完済を要求されたりしてしまいました。この二つの法律によって成長企業は壊滅的な打撃を受けたのです。恐ろしい話です。何千もの起業家が成長を止めるか、会社を閉鎖せざるをえなくなり、従業員は解雇され、うまくいくはずの仕事は日の目を見なくなったのです。

一方で、大企業がその規模を縮小していったので、こうしたことがさらに輪をかけて起こりました。大企業は何百万もの雇用を削減しただけでなく、経費節減の一環として信用貸しも制限したため、起業家はさらに苦しむことになりました。なぜなら成長している企業はその成長の資金源として、いつも取引先からの信用貸しを利用してきたからです。その代償として、アメリカは新たな雇用を失ったのです。

そしてとうとう最後には、ギャングとも言うべき公の行政機関もビジネスから起業家を追い出すことを決定したようです。官僚というまぬけな怪物が次から次へと報告書や規制を作り出し、会社が成長していくのに必要な資金を奪ってしまったのです。

雇用を創出するはずだったお金は、弁護士や会計士に支払うお金に使われてしまいました。労災保険や健康保険泥棒への不正な支払いに使われてしまったのは言うまでもありません。これらの資金は無視された少数の者の手中から失われてしまいました。そして私たちが認めようと認めまいと、雇用の制限が現実となり、それが現在もつづいています。職場はますます失われ、新しい職場は創造されていません。

以上が事態の全容だとすると、いったい誰が景気後退の本当の原因を真面目に追求するというのでしょうか？　そういう人はものを見る目がないか、歴史を覚えていないとしか思えません。八〇年代に一七〇〇万人以上の雇用が産み出されたということを忘れてはなりません。当時はどこが違っていたのでしょうか？

一つは、当時はレーガン大統領の時代でした。歴史がどのような判断をくだすのか私にはわかりませんが、一つ確かなことは、レーガン大統領は起業家精神を自由に解き放ったということです。ですから、今の政府がそのことに気づいて起業家精神を再び自由に解き放つまで、この景気後退は終わらないと思います。

■――景気急上昇

私が考える景気急上昇の招き方について次にお話ししましょう。

まず第一に新しい官僚組織を創ることです。私がこんなことを言うのは初めてです。この組織はSBAと同等の、しかし別個の組織で、SBAとは別の社会的問題を扱うようにします。すなわち二つの目的を持った企業計画管理庁を設立することです。

二つの目的のうちの一つは、雇用を創出した実績のある、成功した起業家が経営する成長企業に銀行融資の債務保証をすることです。ある企業が雇用を創出し、かつ資本金の規模に比べてずっと大きく成長してしまったせいで通常の融資を受けられないのであれば、企業の規模は問題にするべきではありません。

二番目の目的は、防衛、福祉、海外援助、タバコ生産農家、大学の借入金、政治家のための補助金等に使われた税金から、ほんのわずかだけ分けてもらって、債務保証に使うことです。そうすればすぐに何百万もの新しい雇用が産み出されるでしょう。

次に、起業家とともにリスクを負う意志のある投資家に対して長期保有後のキャピタルゲインの課税制度を撤廃するか、相当程度削減する必要があります。この地球上の誰かに税制上の優遇措置を受ける権利があるとすれば、それは雇用創出のための資金を提供した人です。

次の段階では、小規模企業が株式を公開するときの条件を簡素化し、公開するまでの期間を短縮できるようにします。現在、SEC★が要求している条件は、何人もの会計監査人を雇うことのできる大企業に合

★SEC
証券取引委員会。証券法を監督する連邦政府組織。

わせたものですが、小規模企業にそんなことはできません。また小規模企業は、ＳＥＣの会計検査官が半年から一年もかけて実地調査をしているあいだ、待っていることはできません。

そして最後に、全員が起業家で構成される特別委員会を設置する必要があります。この委員会では、規模の小さい会社や成長企業の決算報告書を簡素化する方法や、規制の濫用を防ぎ、不必要な規制を撤廃する方法を研究します。そしてこの委員会の提言を聞き入れて政府が何か方策を講じるようにします。

もしここで述べたことが実行されたならば、我が国の経済に何が起こるか想像できますか？何百万もの雇用が創出され、経済学者が驚いて飛び上がるほどうまくいきはじめるでしょう。我が国の国民総生産はかつて想像したことがないほどに伸び、輸出は急増するでしょう。財政も健全になるでしょう。景気の悪さを嘆く代わりに、アメリカ人であることを再び誇れるようになるでしょう。自由が、言い換えれば起業家精神が、まったく新しい時代を招くでしょう。

これが私の考える方法です。起業家らしい解決法です。複雑でもありませんし、費用もかかりません。政治色もありませんし、特別の政党に偏ってもいません。大統領と議会がいっしょになって魔法のようなこれらの簡単な方策を実行に移せば、景気の急上昇が始まるでしょう。もう景気後退はなくなるのです。

今こそ行動を起こすべき

一人の起業家として言わせてもらえば、私は政治家から無視されることに、うんざりして飽き飽きしきっています。新聞を開き、テレビをつければ、自分がいかにアメリカのためにすばらしいことをしようとしているか、とりとめもなく話す候補者の姿が目に飛び込んできます。赤ん坊を救うこと、女性を解放すること、ロシアを救済すること、町を救うこと、福祉を改善すること、議会を浄化すること、富裕者層に税金をかけること、財政を均衡化することなどについて、もううんざりするほど何度も聞きました。それなのに起業家を支援する政策については一切何も聞いたことがありません。

今こそ各種の圧力団体や政治家が、これまで無視されてきた起業家こそ、アメリカの唯一の希望の星だという明白な事実を見据えるべきときなのです。私たち起業家が雇用を創り出さなければ、アメリカを復活させるという連中の高尚な計画は水泡に帰してしまいます。いったいいつになったら、この一〇年間の急成長企業を経営する起業家こそが、新たな雇用を生み出して、大企業のリストラの埋めあわせをしてきたと気がつくのでしょうか?

とにかく政治が、起業家の会社が成長しつづけられるような支援対策を何か始めてくれなければ、アメリカは結局行き詰まってしまうでしょう。政治家が私たちに課税しつづけ、ビジネスから締め出してしまったら、彼らがとうとうとしゃべりつづける「すばらしいこと」をするためのお金はいったいどこから出てくるのでしょうか? ここまで述べた筋書きを読んでもぞくぞくしない読者は、もうここで先に進むのをやめていただいて結構です。

もちろん責められるべきは、私たち起業家自身でもあります。私たちは完全に隔離された世界に住んでいます。会社を築き上げるのに忙殺されているので、そのほかのことにいろいろ関わっている時間がありません。ですから無視されるのも不思議はありません。今こそ何か行動を起こすべきときです。私たちのなかにもすでに何か行動を起こそうとしている者もいます。

あなたはどうですか?

■──成長企業協議会

インク社にいるとき、アメリカの起業家を集めて彼らの意見を表明してもらうという目的で、成長企業協議会の設立に携わりました。また全国代表者会議の議長も務めています。現在二三の州に支部を持ち、さらにもっと計画しています。

メンバーは、成長企業を経営しているCEOの起業家に厳しく限定されています。メンバーになるための入会資格をおおまかに言うと、ビジネスに一年以上携わっていること、売上高が三〇〇万ドル以上か、従業員が二五人以上いることです。会費は各地方支部によって異なりますが、普通は初年度がゼロ、それ以降は五〇〇ドル以下となっています。

各支部がそれぞれのメンバーを決定しています。この協議会はお金の面倒を見たり著名人を招いたりはしません。メンバー同士のネットワーク作りや、資本形成から事業の国際展開に至るまでさまざまなことについて、お互い助けあえるようにします。起業家が経験することはほかに誰も知らないので、お互いに教え学んでいます。力を合わせることさえできれば、我が国で最も強力な組織になることができるし、またそうなるべきなのです。

みなさんの多くは、現時点ではこの協議会のメンバーになる資格はないかもしれませんが、とにかく申し込んでみてください。各支部が入会するメンバーを決定しており、例外もきちんと認められています。この入会資格は起業家を締め出すために決められているわけではないからです。私たちは、同じような考えを持ったCEOの方々と経験を分かちあいたいのです。

もともとインク成長企業協議会として発足したこの協議会は、アメリカ中の献身的な起業家が「もう我慢できない！」と声を上げはじめたおかげで、この数年でおおいに発展しました。

そのメンバーが出資し、各州の議長からなる理事で構成される全国代表者会議によって協議会は運営されています。発足したてのころから、IBMやプライス・ウォーターハウスといった全国的なスポンサーから財政上、経営上の多大な援助を受けています。また、自分たちの巨大な購買力を、戦略的なパートナーを惹きつけるために活用することも決定しました。戦略的なパートナーというのは、割引などの特別なサービスを会員企業に提供してくれる企業のことで、AT&T、ハーツ★1、アメリカン・エクスプレス★2、スミス・バーニー・シェアソン★3、ハイアット★4などがすでにパートナーになっています。

★1 ハーツ
レンタカー会社。

★2 アメリカン・エクスプレス
クレジットカード、トラベラーズチェック、旅行関連サービス、国際金融などを扱う、旅行・金融サービスの世界的大手。

★3 スミス・バーニー・シェアソン
証券会社。

★4 ハイアット
ホテル、リゾート会社。

■——団結しよう

この協議会の使命は次のように記されています。

「起業家運動の代弁者となり、アメリカ経済に私たちが貢献していることを一般の人々に広める活動を行うこと。また、メンバー共通の問題に対する支援活動、教育活動を通じて仲間の経営者たちとお互いの価値を受け入れ、会社を成長させる情熱とチャレンジ精神を分かちあうこと」

もしあなたがこの一文を、私をはじめ我が国の何千人もの起業家と同じ気持ちで受け取るならば、起業家として出発するあなたを心から歓迎します。そしてあなたの兄弟、姉妹も、どうぞ私たちの大十字軍に参加してください。

最も簡単な方法は、協議会にファックスしてくださることです。あなたが忙しいのはわかっていますし、いろいろな会に参加するよう攻め立てられていることも察しがつきます。けれども、信用していただきたいのです。成長企業協議会はほかの会とは違います。私たちはあなたなのです。

大統領への公開状

親愛なる大統領閣下

私は大統領★にお目にかかったことはありませんし、これからもお目にかかることはないと思います。私は政治家ではありませんし、ワニ革の靴を履いているような大口献金者でもありません。ですからこの手紙が、あなたの秘書の手でごみ箱行きになるだろうということもわかっています。しかしそれは残念なことです。

なぜならこの手紙は、この国で最も重要な、しかし、最も軽視されている有権者、つまりアメリカの起業家からのメッセージを記したものだからです。ですから、ちょっと待ってください。ここで読むのをやめたりしないでください。私は「小さなビジネス」について言っている

★大統領　クリントン元大統領を指す。

のではありません。大統領が小さなビジネスも起業家のビジネスも同じだと考えておられるのは知っていますが、私の話すことに耳を傾けてください。

二〇〇〇万ほどもある会社のうち、急成長起業を経営している起業家は一〇〇万人ほどしかいません。そのなかには小さな会社も大きな会社もありますが、これらの会社を経営している並外れた起業家たちは、男性も女性も、中小企業の経営者や大企業の重役とはまったく異なる思考様式を持っている点で共通しています。会社の規模も業績も関係ありません。このどちらかというと少数派である起業家たちが、過去二〇年間に新たな雇用全体の約九〇％を創り出してきた、ということはご存知でしょう。

それにもかかわらず、大統領は、銀行家や政治家や経済学者をはじめ前任の大統領と同じように、相変わらずこの二つのグループが同じだとお考えのようです。政府のみなさんが目を覚まして、これらの起業家とピザ店のオーナーとはあらゆる面で異なるということに気がつかなければ、この国は起業家の成長を抑えつづけることになります。そしてその結果、雇用の創出は一層わずかになり、さらにひどい景気後退が生じて、結局は経済の悪循環が起こることになるでしょう。

政府の予算案を提案されたとき、大統領は、ビジネスのうちのわずか四％しか影響を受けないだろうとおっしゃいました。もちろん大統領のお言葉は正しいものです。けれどもまさにその四%が雇用を生み出してきたのではなかったのでしょうか？　実際そうなのです。これらの会社の経済成長を大統領のスタッフの誰かが分析したでしょうか？　これらの会社は我が国の製品やサービスのほぼ半分を購入している会社のことである、と大統領に報告した人がいたでしょうか？　私には疑わしく思えます。

これらの会社やその起業家に税金をかけたら何が起こるでしょうか？　彼らの雇う従業員の人数がもっと少なくなるのではないでしょうか？　彼らが購入するコンピュータや車の数も少なくなり、新たに開かれる支店の数も減り、海外市場への展開スピードも減速してしまうのではありませんか？

私が尋ねてみた起業家の答えは、「そのとおりだ」というものばかりでした。課税対象の利益や従業員が少なくなったら、税金による歳入が減少しませんか？　失業給付金の額が増えませんか？　企業の購買力が低下することによって、取引先の事業規模をさらに縮小させることになりませんか？　最終的にはどうなってしまうのでしょうか？　二年後に増税しようとするのではありませんか？　アメリカ国民に向かって富裕な人々は相応の負担をすべきであると、また言い出すのではありませんか？　富を分配しようとしたすべての国が経験してきた経済の悪循環が、おわかりになりませんか？　ロシアもイギリスもスウェーデンもが経験してきたのではありませんでしたか？　同じ道をアメリカがたどることを大統領は本当に望んでいらっしゃるのですか？

要するに、今の政府の予算案でも大企業は深刻な影響を受けないようになっているのです。小規模企業の経営者も同じように影響を受けないでしょう。そしてもちろんロックフェラーのような人々は、いつだって税金を逃れるうまい方法を見つけ出すでしょう。

大統領、計画的なものか、あるいは政治的な勘かは別として、あなたの標的は理にかなっており、あなたは我が国で組織が確立されていない有権者だけを叩いたのです。なぜでしょうか？　私たちが声を上げていないからです。私たちはただ頭を低く垂れて、超人のように働いているだけです。その結果として、経済的繁栄を支えているだけなのです。

さて、私の胸のつかえがとれたので、大統領が政府を建て直そうとなさっていることに祝辞をお送りします。すべてのアメリカの起業家に代わって、私たちが情熱を持って全面的に政府をサポートするつもりであることをお約束しましょう。重ねて言えば、私たちはいつだって「負担引き受け係」として選び出され、取締官の生贄にされてきました。大統領がどんなことをなさろうとも、まだ充分ではないでしょうが、ＳＢＡ（中小企業庁）から始めてみてください。

社会問題の解決のために起業家への事業向け貸付金を犠牲にすべきものではないと、SBAの官僚を説得してみてください。労災保険は、国家的なスキャンダルとなっています。SEC[★1]、OSHA[★2]、FDA[★3]、IRS[★4]、EPA[★5]などには、起業家の会社を不当に取り扱う冷たい官僚たちがはびこっています。役に立たない書類や許認可を得るための文書に記入するために、弁護士や会計士に払わされた代金はとても大きく、もし払わずに済んでいれば、大統領の計算よりもずっと多くの雇用創出や経済成長に回っていたはずです。

政府を建て直そうとなさるなら、なぜもっと徹底的になさらないのですか？　議会は次のような法律を通過させるべきであると主張してください。すなわち、財政を均衡化させる法律、大統領に個別条項拒否権を与える法律、議会の委員会に適切な立法行為を停滞させないようにする法律、そして最も重要なのは、期限を設け、議員たち自身に自分たちが通過させた法律を守らせる法律です。

私たちは、大統領がNAFTA（北米自由貿易協定）を通過させるというすばらしい偉業を成就なさったことを賞賛したいと思います。そして医療費の抑制に関しても成果を上げられること

★1 SEC
証券取引委員会。

★2 OSHA
労働安全衛生局。

★3 FDA
食品医薬品局。

★4 IRS
内国歳入庁。財務省の一機関で、連邦税を管轄する。

★5 EPA
環境保護局。

を願っています。そして最終的にこれらの法律が通過したときには、起業家が二度と事前に圧力団体の標的として選ばれないことを願っています。

大統領、最後の要望です。会計基準実施委員会は現在、会計上の目的に応じたストック・オプションの会計処理方法の修正案を広めています。ストック・オプションが支給されると、予想オプション行使価格がある公式によって事前に算出され、その支給額がすぐに経費化されて利益を削り、オプションの行使可能期間中はずっと償却されつづけます。この意地悪な規則のせいで起業家がどんなに悲惨な目にあうか、おわかりでしょうか?

私たちは会社の成長に協力してくれる人たちが魅力を感じてくれるように、ストック・オプションを利用するのです。私たちには協力者が必要なのです。ところが重要ポストを担う人物を雇うたびに利益を削減せざるをえなくなったら、それはもう破滅です。私たちは、銀行家や財務当局とのやりとりでもう充分資金調達のトラブルを経験しています。ストック・オプションの問題は財務面を弱める、また一つ大きな命取りになってしまうでしょう。ですからこの問題解決のために、くれぐれもご協力お願いいたします。

大統領、私たち起業家の多くがあなたに投票しなかった事実を正直に認めなければなりません。これは個人的な感情からではありません。神に与えられた災難を代理で与える権利を少しばかり行使しただけなのです。しかし私たちは、どこか一つの政党に肩入れしない、公正で偏見のない心の持ち主であることも申し上げておきます。大統領は、私たちがどこまでも従っていく指導者になることも可能なのです。

私はすべてのアメリカの起業家を代表して、可能なかぎりあなたに協力することを申し出たいと思います。アメリカ起業家委員会を創設してください。それが今まで、どの大統領も歩いたことがない道にあなたを案内するための最も効果的な方法です。個人の業績に基づいて公務員が評価されるような精神的革命を政府の全部門に浸透させるために、私たちは大統領を支援したいと思っています。

起業家精神、つまり自由を基本とした、新生アメリカをともに建設していきましょう。私たちの祖先は自由のために闘い、そして死んでいきました。その自由と同じ自由のために。

ウィルソン・ハーレル　起業家

Part 6

未来の起業家へ

アウトソーシングと新しい起業家

もし今、目を閉じて一〇年後の世界を見ることができたとしたら、想像もつかないようなビジネスの世界が見えるはずです。大企業は運命をまっとうし、恐竜たちの仲間入りを果たしているでしょう。大空を背景に美しい輪郭を浮かび上がらせる今日の立派なオフィスビルはなくなっているでしょう。奇抜なデザインの実用的でない立派な会議場に企業の重役たちが集まることもなくなっているでしょう。従業員数はもはや会社の規模を測る尺度ではなくなり、起業家精神が商才を測る世界共通のものさしになっているでしょう。

簡単に言えば、私たちの知っているアメリカ株式会社は部門単位に解体されて、それぞれが個人所有の企業になるということです。通信技術の進歩によって地理的な距離は意味を失い、小さな企業だけではなく大企業の重役にとっても、ホーム・オフィスが現実となっているでしょう。アウトソーシング[★1]が効率を表す代名詞となります。言い換えれば、起業家革命の兵士が戦いに勝利を収めるのです。アメリカから世界への輸出品目のうち、起業家精神が第一位になっているはずです。

大企業がリストラをして規模を縮小しつづけていくのは明白です。大企業は中核となる事業にますますその企業努力を集中せざるをえなくなっているでしょう。業務の分散化が戦略プランナーの新しい掟になるはずです。そして、アウトソーシングと呼ばれる比較的新しい現象が、経済活動において最も急成長する分野になるでしょう。

たとえばテンポラリー・サービス全国協議会[★2]は、一九九〇年の取扱高が二〇〇億ドルに近づいたと報告しています。今日ではどのくらいになっているのでしょう。そして、明日はどれくらいになっているか想像がつくでしょうか？

しかし、人材派遣業は、アウトソーシングの全体像のなかから見れば小さな一分野に過ぎません。起業家を待ち受けているチャンスについて考えてください。実際、すべての起業家は、顔を上げてアウトソーシングという新しい経済の救世主を讃えるべきだと思っています。なぜならば、アウトソーシングの普及で、何千万もの新しい起業家が堰を切ったように新しいビジネスを始めることになるからです。歴史上こんなにすばらしいチャンスはありませんでした。

★1 アウトソーシング
業務の外注化のことで、自社の核事業以外の業務を社外に委託し、業務の効率化を図る経営手法。

★2 テンポラリー・サービス全国協議会
人材派遣の業界団体。

みなさん全員が新進の起業家になりうるのですから、よく聞いてください。あなたもこの経済的爆発の一部になれるのです。頭を使ってじっくり見定めてください。

まず最初に考えることは、多くの大企業が外部に委託したいと望んでいるのはどのような仕事かということです。いったい何を社外から調達したいのでしょうか？　どのような雑事が、中核になる事業の周辺にあるのでしょうか？　いくつか例をあげてみましょう。

メール便集配　　　　ビルの管理・清掃
請求書発行　　　　　設備の保守・点検
競技場・公園などの管理　技術の研究・開発
フィットネス・センター　従業員の研修・訓練
購買　　　　　　　　医療サービス
事務サービス　　　　財務会計
不動産の管理　　　　市場調査

もっとほかにもありますが、要するに、あなたが現在していること、またはしたいと思っていることが何でも新しいビジネスの機会になりうるのです。あなたと同じような得意分野を持つ人と連絡をとって、しがらみだらけの大企業を離れてあなたといっしょに新しい会社を始める気があるかどうか尋ねてみるのです。

率直に話してください。あなたがまだ顧客を一人も持っていないことも、またもし将来、事業に乗り出すならその船に同乗する、と約束してほしいことも話してください。進んで加わりたいという人たちが驚くほど大勢いるはずです。

二、三人の候補者がいたら、あなたは事業を始めることができます。起業家の看板を掲げ、名刺と封筒、便せんを印刷し、顧客を探しはじめるのです。仕事を辞めたり、家を抵当に入れたり、お金を借りたりしてはいけません。まだだめです。まずマーケット調査をすることです。営業活動用の靴を履いて、企業を何件か訪問するのです。彼らが断れないような取引を提案しなさい。あなたの会社には労働組合もないし、残業代を払う必要もないし、有給休暇もないのですから、易しいことです。必要経費はほとんどかかりません。せいぜい、事務所の電話代や机の費用で済みます。

今日のアメリカの大企業の重役たちは、従業員との雇用関係や、成功している事業の根幹を揺るがしかねない、バカげた規則や規制に悩まされることにうんざりしているはずです。ですからこうした頭痛の種を引き受けてもらうことをどの重役も望んでいます。

もし最初に訪ねた重役に断られても次へ行けばいいのです。誰か先見の明のある賢明な人物がイエスと言ってくれます。私の言葉を信じてください。必ず誰かいるはずです。

さて、あなたといっしょに仕事を始める人の話に戻りましょう。同僚は注意深く選んでから会社を創りなさい。そしてあなた自身が社長兼ＣＥＯになるのです。起業家の世界へようこそ！

いくつかアドバイスしておきましょう。ホーム・オフィスを作るとき、ＯＡ機器への投資を節約しないことです。最新の情報通信技術を活用してください。多くの起業家はコンピュータやソフトウェア、電話などを一番最初に購入するとき節約しようとするものですが、それはバカげています。ちょっと考えてみたらわかると思いますが、規模が小さければ、すべてに最先端の技術を取り入れてもたいして費用はかかりません。あなたの小さな会社はハイテクＯＡ機器によって非常に能率よく見えるのです。それに比べて大規模な競争相手は機器を変更したり、グレードアップするのに巨額の費用を計上しているに違いないのですから。

専門サービスも費用を節約すべきでないもう一つの分野です。あなたもいずれは多くの起業家と同じように、弁護士や会計士がそれほど好きでなくなるでしょう。しかし、脳外科医を選ぶ場合と同じで、専門サービスに安さを求めるべきではありません。

次に、小さな事務所から早く抜け出そうと焦ってはいけません。経費を膨らませることは容易ですが削減するのはとても大変です。会社を小さいままにしておいたほうがいい理由は、頭の切れる人でなくともいくつもあげることができます。

よく覚えておいてください、大企業のリストラや規模の縮小は、ビジネスの世界で通る最初の入口です。会社が成長したら、最後にアウトソーシングについて顧客から学んでください。その時点で核になる事業が何であるかを正確に知っておかなければなりません。そしてほかの起業家にもそれぞれが得意とする事業をしてもらいましょう。

以上のことすべてを行ったら、今から一〇年後、私たちが目を開いたとき、あなたはそこにいるでしょう。

女性起業家への期待

過去二〇年間は、起業家にとって輝かしい時期であったと歴史に記されるでしょう。しかしこれからの一〇年は、起業家革命において女性の起業家が、指導者として男性同様の正当な地位を獲得した時期として記憶されるでしょう。もちろん現在でもすでに何千人もの成功した女性の起業家がいます。

私たち起業家の歴史は、すでに彼女たちの貢献によって豊かになっていますが、まだ何も見るべきものを見ていません。今後数年のうちに女性起業家は爆発的に増加するでしょう。そしてそれは、経済と世界を永久に変えてしまうでしょう。

女性は天性の起業家です。彼女たちには男性にはない特質があります。彼女たちは生まれながらに居心地のいい巣を作るのが上手であり、人の心の読み方を知っているため他人とのコミュニケーションのとり方に優れていて、チームプレイに長けているのです。あなたはビジネスを始めるとき、巣の雰囲気を作ろうとしませんか？　みんなで支えあうチームプレイの環境を作って、顧客や従業員と上手にコミュニケーションをとる必要がありませんか？

女性たちは今まで、家庭を守るという理由で隅のほうへ追いやられていましたが、それはもう過去のことです。過去一〇年間に女性たちは、経済学者が誰も予想できなかったスピードで、社会に進出して働くようになりました。「主婦」という表現は急速に使われなくなり、代わりに「働く女性」とか、「働く母親」といった、今日の社会状況をうまく表す多くの新しい言葉が生まれました。

女性は新しい世代の起業家になるでしょう。要因はいくつかあります。一つは、アメリカ株式会社において女性が二等市民扱いされている点です。昇進に関して、彼女たちは対等な扱いを受けていません。もちろんこの状況を是正する法律はありますが、本当に対等な扱いになるまでには、もうしばらく時間がかかるでしょう。

しかし、すでに男女平等が実現しているところが一カ所あるのに、彼女たちはどうして待つ必要があるのでしょうか？　起業家の世界がそうです。知的で能力も野心もある女性が、官僚的組織社会での昇進を待ったりするでしょうか？　男性中心の企業文化に対して怒りを示して、起業家の看板を出すということが起こらないと言えるでしょうか？

起業家になろうという女性が多くなりそうなもう一つの理由は何だと思いますか？　それは、通信技術の発達により「ホーム・オフィス」が文字どおりに現実的になってきた点です。今日の女性は、家にいて家庭を守りながらビジネスができます。「ホーム・オフィス」の実現によって、想像以上に数多くの女性起業家たちが活躍し、世界を変えていくのです。

トータル・クオリティ・アントレプレナーシップ

どのようにして起業家にアイデアが湧いてくるのかにはいつも私自身驚いています。すばらしいアイデアが頭に浮かぶとき、それはオフィスにいるときでもなければ、副社長たちといっしょにいるときでもなかったはずです。ましてやコンサルタントからアドバイスを受けているときには、アイデアが浮かんだ試しがありません。

たとえば、ドイツの高速道路をドライブしているときに、車を道路の端に寄せて風に向かって「いけるぞ！　いける！」と叫んだことがあります。またあるときは、ゴルフをしているときにアイデアが浮かんだこともあります。バーでお酒を飲んでいるときに最高のアイデアが浮かんだことがありますが、最低のアイデアだったこともあります。

数カ月前のことですが、妻の希望で、息子が通っているモンテッソーリ式[★1]の学校のオーナーであるグレース・アンダースと彼女のご主人といっしょに食事をしました。その会食の本当の理由は、息子のコルベットの学校での活躍ぶりを聞くためでした。ですから、世界でトップクラスの起業アイデアを出すための会合ではまったくなかったのです。ところが結果は違いました。

グレースのご主人のドクター・セオドア・ディーン・アンダースは歯医者でも指圧師でもなく、哲学博士です。彼の話には、無論、深い感銘を受けました。

加えて、彼が大企業や政府機関へのＴＱＭ★2（トータル・クオリティ・マネジメント）の導入を専門にしているビジネス・コンサルティング会社のトップだと知ったときには、その何倍も感銘を受けたのです。

彼が自分の事業について、「改善のためのパラダイム」とか「プロセス・マメジメント・チーム」の形成とか「チームの意思決定」とか「統計的なプロセス・コントロール」といったような用語を使って話しはじめたとき、私は全身を耳にして聞き入ったものです。

もちろん私は、ＴＱＭについて書かれた記事や本を数え切れないくらい読んでいます。またＴＱＭの導入に何百万ドルも費用をかけた会社に個人的に関わったこともあります。信じられないような成果も見てきています。しかし、本当の生のＴＱＭの提唱者にレストランで会える

★1 モンテッソーリ式
イタリアの女流教育家であるモンテッソーリが開発した幼児・障害児童の教育法。子供の自発性や自己活動を重視する。

★2 ＴＱＭ
総合的品質管理。アメリカのエドワーズ・デミング博士が提唱し、日本企業はＴＱＣ（全社的品質管理）として取り入れ、国際競争力の基礎を築いた。

なんて幸運はありませんでした。カクテルから始まってデザートの時間になるまで、アンダース博士からＴＱＭについての説明を聞いているあいだ、私は催眠術にかけられているようでした。

コーヒーのころになって、アンダース博士に――そのときにはもうテッドと呼んでいましたが――挑発的な質問をしてみました。

「ＴＱＭは長続きするのかい？　コンサルタントがいなくなってもＴＱＭは残るのかい？」

テッドの答えは「ケース・バイ・ケースだ」というものでした。三杯目のコーヒーを飲んだあと、自分の結論にたどり着きました。

「ＴＱＭは理論面でも応用面でも驚くほどすばらしいマネジメント・システムである。けれどもＴＱＭを社内で持続させるためには企業文化と苦しい戦いをしなければならない」という結論です。テッドに尋ねました。

「ＴＱＭを導入したあと、一年か二年経ってから顧客を再訪問したとき、ＴＱＭはまだちゃんと機能しているのかい？」

テッドの答えは的を射たものでした。

「創造性と革新性に溢れる環境でしかうまく機能していない」

私はもう一杯コーヒーを注文しました。

今度は私の番でした。起業家ハーレルとして言いたかったのです。

「テッド、TQMには致命的な欠陥がある。必要なものが欠けている。君は、自動的に繰り返される仕掛けを入れずにマネジメント・システムを導入しているね。つまり『起業家精神』の導入を忘れているんだ。組織のなかに起業家精神というものがなかったら、どんなに成功したシステムも長続きしない。額に青筋を立ててがんばればTQMを企業に導入することはできるだろうが、そこから先はどうなるだろう？　もしオーナー感覚を身につけるように訓練された個人がいなかったら、やがては官僚的な人間たちが失地を回復して、アメリカのすべての大企業を駄目にしていく、あの病んだトップ・ダウンの文化を再び持ち込むだろう。TQMは、対症療法であって病気そのものを治しているのではないんだよ」

テッドはブランデーを注文しました。

そのときには、私のなかの起業家としての声は完全に活性化されており、こうつづけました。

「TQMが効果的なのはわかる。だから、そのプロセスに起業家精神を加味して、最終的に『トータル・クオリティ・アントレプレナーシップ——TQE』とでも呼ぶべきシステムを完成させたらどうだろう？　マネージャーに、彼らや従業員自身がフランチャイズ店並みの実質的権限を持って経営にあたれると説得して、企業のすべての部門を『フランチャイズ（FC型支店）化』したらどうなると思う？　トップ・ダウンで始める代わりに、顧客の生の声が聞ける現場からのボトム・アップで始めるんだよ」

私はさらにつづけました。

「巨大企業をやっつけながら、起業家たちがどんなふうに会社を運営しているか、詳しく調べてみたらどうだい？　彼らのマネジメント・システムを真似してみたらどうだろう？　失敗したケースじゃなくて、うまくいったケースを入れてみないかい？」

その例として、AT&TがFC型支店化《フランチャイズ》の努力をした結果、信じられないほどうまく機能したケースを話しました。

すでに創業していたテッドと、自分の学校を始めていたグレースは、大変興味を持って頷いていました。当然でしょう。二人ともすでに夢を現実のものとし、何もないところから出発して従業員を雇い、「恐怖のクラブ」に入会しているからです。正真正銘の起業家たちです。私たちはレストランを出ました。そのときテッドが驚くべきことを言いました。

「ねえ、ウィルソン、トータル・クオリティ・アントレプレナーシップというのはすばらしいコンセプトだと思う。新しいマネジメント・システムとして商品化して、世界中の会社に売り出すことができると思わないかい？　今度また、このアイデアをいっしょに実現する方法を話しあおう」

私たちはその後、何回も何回も会いました。何十時間もかけてテッドの専門的な知識や経験と、起業家精神について私が学んだことすべてを結びつけました。アイデアだったものが形になりはじめ、商品が生まれました。「株式会社トータル・クオリティ・アントレプレナーシップ」という企業が設立されたのです。この名前とＴＱＥという略称を保護するために、商標とサービスマークの登録を当然のことながら申請しました。

この本を執筆している現在、トータル・クオリティ・アントレプレナーシップについて、すでに二つの会社にプレゼンテーションを行いました。両社ともイエスという返答だったので、現在ＴＱＥを導入中です。テッドと私は、企業が自分たちの手でＴＱＥを導入できるような資料とビデオを準備するために、非常に忙しく働いています。

こんなふうに、二人の起業家が夕食をともにし、アイデアが夢になり、その夢が商品となったのです。

次世代のマネジメント・システム

これからの大企業や中堅企業は、今日とはまったく異なったやり方で経営されるようになるでしょう。今日のマネジメント・システムがまだうまくいっているなどと考えるのは、無能な経営者だけです。うまくいっている大企業を注意深く観察してみればわかることですが、そうした大企業のほとんどは、ただ過去の遺産によって惰性で経営されているに過ぎないのです。たとえば、一流のブランド名、以前から所有している特許、吸収合併したベンチャー企業からもたらされたものなどに頼っているわけです。起業家が設立した大企業でさえ、彼らが以前に叩きのめした巨大企業の悪弊を模倣する羽目になるのです。

しかし、こうしたマネジメント・システムはすべて変えることができます。もっといい方法があるからです。私の考えを言わせてもらうと、トータル・クオリティ・アントレプレナーシップ（TQE）というのが、その答えです。トータル・クオリティ・マネジメント（TQM）にとって代わるものと私は信じています。まず最初にそのバックグラウンドから説明しましょう。

ＴＱＭは、Ｗ・エドワード・デミング★によって開発されました。ＴＱＭがアメリカ株式会社に与えた影響は、産業革命に匹敵するくらい目を見張るものがありました。ＴＱＭは、それまで行われていた目標管理やそのほかのうまくいかなかったシステムにとって代わったのです。

ＴＱＭの導入によって、何階層もあった管理者の層がなくなり、一人一人の上司に代わってチームが結成され、プロセスの達成を妨げる障害が見つけ出されてつぶされていきました。

ＴＱＭを充分に説明しようとしたら、本が一冊書けてしまいます。ＴＱＭについての本だけで何百冊もあるのですから。ここでは議論の目的上、チームがＴＱＭの根本的な基礎だと言っておきます。組織の全階層にチームが創られます。

これらのチームは、組織の縦横を問わずにさまざまの階層の個人が集まって編成されたもので、チームの各メンバーはどんなプロセスの遂行にも関与します。彼らの任務は無駄を省き、重複した作業を取り除くことです。チームの会議はオープンで、自由に行われます。チーム・

★Ｗ・エドワード・デミング
一九〇〇年生、九三年没。アメリカの統計学者。五〇年に来日し、品質管理（ＱＣ）の重要性を説いた。

リーダー、タイム・キーパー、オブザーバー、レポーターといったような役割が順番に交替で割り当てられます。その使命を達成すると解散されるチームもありますが、運営チームとしてそのまま継続するチームもあります。個人のイニシアチブはチームのイニシアチブになり、報償はチームに対して与えられます。決算報告書や効率に関する報告書などは省かれます。

私が『インク』の発行人だったときは、TQMについて実によく耳にしたものです。TQMを褒めたたえる大企業の重役たちの話を聞いたり、起業家たちと会ってTQMについて議論したりしました。ですが、起業家たちとの議論はあまり長くつづきませんでした。

というのは、いったんチームという言葉が出てしまうと、起業家たちは決まって次のように言って議論を終わらせたからです。「自分の会社に委員会をたくさん作って運営していくつもりはまったくない」と。もちろん私は同意しました。それというのも、その意見は「起業家のバイブル」からそのまま引用されたもので、その「起業家のバイブル」の一部は私自身が書いたものだったからです。

大企業の副社長たちと会議をしたときは、TQMのもっと目を見張るような効果について聞かされたものですが、大企業の重役たちがTQMのことを持ち上げると、いつだって起業家たちはその評判をこきおろすのです。

『インク』の発行人を辞めてコンサルタントになってから、私はTQMの信じられないような効果を目のあたりにするようになりました。TQMに不満を感じながらも信奉し、同時に、起業家的マネジメントの敬虔な伝道者でもある、という矛盾した状態にありました。そのようなときに、テッド・アンダース博士と、あのすばらしい夕食をいっしょにしたというわけです。そのときになって初めて、TQMは大企業の従来のやり方よりは優れたシステムだが、まだ不完全だとわかりました。TQMには鍵となる要素が欠けていたのです。「起業家精神」です。

テッドと会ったとき、私はちょうど起業家の四つの段階についてロイ・カマラノが書いた本を読み終えたところでした。テッドと私は、トータル・クオリティ・アントレプレナーシップ（TQE）を開発しているあいだ、この四つの段階についてよく議論をし、かなり明確な結論に達しました。

起業家的なマネジメントは、天才起業家と呼ばれる第一段階、カリスマである第二段階ではそれぞれうまくいくのですが、企業が大きくなるにつれて、起業家的なマネジメントはちぐはぐになりはじめ、存在感のない社長である第三段階が始まります。

第一段階と第二段階では、起業家は巨人を打ちのめすのですが、第三段階になると、起業家自身が巨人になってしまいます。まあ赤ん坊の巨人ですが、巨人であることには変わりありません。組織が大きくなるにつれ、副社長というものが登場しはじめ、プロの経営者がその醜い頭をもたげてきます。

しかし起業家本人は変わろうとしません。起業家はそのまま起業家でありつづけます。実際、起業家は、副社長なんて自分の思いどおりに起業家らしく改心させることができるし、起業家らしい経営のやり方を見習わせることができると信じています。「冷酷に指導せよ」とか、「弱い者をクビにし、強い者を昇進させよ」とか、「不可能なことを実現せよ」などというのが相変わらず起業家のやり方です。

起業家の神様と呼ばれる人たちに代々伝えられる、賢明な言葉が聞こえてきそうです。「もし誰かが委員会を作ろうとしているとわかったら、メンバー全員を首にするぞ」「相談相手は必要ない。いつでも私のところに来ればいい」とか、「誰か組合を作ろうとでも思っているのかね？そんな奴はＯＳＨＡ（労働安全衛生局）といっしょにくたばれ」などと言うのです。起業家はただ自分にとって当然なことをしているだけです。それがなぜいけないでしょうか？　今まではうまくいっていたのですから。しかし第三段階が始まったら、これが自らの墓穴を掘ることになります。

テッドと私から見れば、結局のところ、起業家は天才の段階でそのまま放っておくべきだということになります。そしてほとんどの場合は、第二段階のカリスマ経営者もそのまま放っておいていいでしょう。しかし第三段階が始まったら、起業家はそのマネジメントのスタイルを変えなければなりません。醜い面が自ずと現れる段階なのです。

そのときこそ、起業家がTQEを学ぶべきときなのです。しかしすんなりはいかないでしょう。というのは、ただ副社長になるのを待っているだけの起業家連中なんて見つかりっこないという事実を起業家自身が理解するまで、あるいはプロの経営者の思考様式を起業家の思考様式に変えることはできないという事実を理解するまでは、TQEを導入することはできないからです。ですから起業家は、組織全体に起業家精神を取り入れることこそが目的だ、ということに全面的に同意しなければなりません。

この目的は、会社組織の全階層に起業家的ユニットを創設することによってのみ達成可能です。会社の部、課、支部にいるすべての個人が、自分たちが実行しているプロセスに対して共同オーナーの感覚を持たなければなりません。

TQEを導入すれば、個人ではなく、単位としての起業家的ユニットが起業家的行動の推進力となります。個々の上司ではなくチームワークがTQEシステムを動かしていきます。言い換えれば、少数の選ばれた人間の思考様式を変換するという不可能なことを試みるのでなく、会社のすべての従業員に自らの起業家精神を浸透させるのです。

要するに、TQEは、起業家の四つの全段階を通じて、起業家が起業家でありつづけられるマネジメント・システムなのです。起業家はたった一人で会社を運営していく代わりに、情熱に満ちあふれた起業家的集団で構成される組織を管理していけばいいのです。

これがTQEです。次世代のマネジメント・システムです。明日の企業です。ぜひ今日から始めてください。

明日の企業像

ＴＱＥ（トータル・クオリティ・アントレプレナーシップ）はまだ揺籃期であるとはいえ、明日の企業経営のスタンダードになると信じています。起業家が大きな組織を動かしていく場合に、個人として最も能力を発揮できるシステムとしてＴＱＥ以外にはないと思っています。ＴＱＥがあれば、創業期からフォーチュン五〇〇に入る企業になるまでの移行がスムーズに気持ちよく行われるでしょう。ビジネスが自然に発展していきます。

もちろん導入の過程にはいくつかの障害があるでしょう。ＴＱＥを導入する起業家にとって最初の最も困難な障害は、チーム（起業家的ユニット）を創るという考え方を受け入れることだと発見しました。彼らは、チームを委員会ではないかと恐れているのです。

ちょっと待ってください。すべての起業家がチームを信じてないのでしょうか。チームワークは起業家の成功にとって重要な要素でないのでしょうか。もちろん重要です。起業家は自分のチームを委員会と考えるでしょうか。絶対に違います。チームと委員会が必ずしも同じではないと認めることができませんか？

心の体操をしてみましょう。組織の最も低い階層、たとえば支店のことを考えてください。それがチームになることを望みませんか？　二人か三人の活動的な人間が、管理者や監督者といっしょになって、問題や障害、無駄、仕事の重複や非効率などを見つけ出したらいいとは思いませんか？　私たちは、ＴＱＥのチームには顧客や取引先もメンバーとして数名加えるべきだと考えています。

会議のとき、すべての問題についてすべての人間が平等に発言できる雰囲気があったとしたら、どうでしょうか？　そのような会議を鳥瞰したいと思いませんか？　あなた方にはそうすべき充分な理由があります。テッドと私は、こうした会議を行うことで二〇～三〇％の経費の節約ができると信じています。独裁的な上司が命令をする代わりに、プロセスを達成するための効果的で効率的な方法に、チームの全員が同意したほうが一〇〇万倍もいいとは思いませんか？　それはオーナー感覚を保証するものではありませんか？　そしてオーナー感覚は起業家精神を浸透させるのに必要な要素ではありませんか？

すべての階層が起業家的ユニットで構成されている会社を運営するのはどんなことか、想像してみてください。自分たちが開発したプロセスを所有し、それを絶えず改良する権限のあるチームです。それは自動的に繰り返す仕掛けを導入する方法ではありませんか？　起業家が第三段階を無事通過し、起業家としての会社を経営しつづけられる方法ではありませんか？　もちろんそのとおりです。それがＴＱＥです。

従業員が顧客と接点を持っている下層部から始めます。チームを創ったら名前をつけてください。チームには自分で名前をつけさせるほうがいいですね。そして企業としての階層を順に昇っていくのです。上の階層までチームを創りつづけてください。これらチームの一つ一つは、それぞれが起業家的ユニットで、それぞれをフランチャイズ化していきます。

言い換えれば、最初は、チームをそのメンバーが所有するフランチャイズとして考えることから出発するのです。通常のフランチャイズ本部が保持している意思決定権だけを起業家のところに残しておきます。これらチームのメンバーがどう感じるか想像がつきますか？

チームの名前という話題に関連して、明日のＴＱＥ企業では多くの名前が変わるだろうという話をしましょう。たとえば「仕事《ジョブ》」という名前です。いったい誰が仕事を望みますか？　仕事というと、ただ退社時間を待ちながら時計を眺めて退屈な時間を過ごすような印象を受けませんか？　仕事という名前を「達成の機会（ＯＴＡ）」と変えたらどうでしょうか。「コーチ」とか「チーム・リーダー」といった呼び名のほうが「マネージャー」という忌み嫌われる言葉よりいいと思いませんか？　「支店」というよりも「起業家的ユニット」のほうがよくありませんか？　「労働者」という呼び名ほど自尊心を傷つける言葉がありますか？

もちろん、我らが友人である銀行家のところへ行くときには、これらの言葉をまた元どおりにしなければならないかもしれません。しかし、そのときは彼らのために新しい名前を考えつくことができるでしょう。

注意すべきなのは、現在社内で使用されている言葉は、自然と侮蔑のきっかけになるという点です。ＴＱＥを導入する企業では、それぞれの呼び名を変えていく必要があります。

明日のＴＱＥ企業では、全従業員の創造的な才能を活用します。私たちのあいだでは、すばらしいアイデアはすべてトップから、つまりもっぱら重役やコンサルタントや外部の機関から一方的に与えられるという考え方は許されません。そんなアイデアはくだらないものです。最も創造的で生産的なアイデアは、いつだって顧客に最も密接に接している人から出てくるものです。ただし、彼らが企業文化や官僚的な上司の手によって息の根を止められていない場合に限りますが。

組織の最下層の従業員が突然、考えたり貢献したりする権限を与えられて、創造的なアイデアが続々生まれてくることを想像してごらんなさい。わかりますか？　それこそがまさに、すべての階層に起業家的ユニットが創られ、フランチャイズになった場合に起こることなのです。

では次に、起業家としての達成度の評価についてお話しましょう。結果を公表したり、販売促進コンテストをしたり、「アントレプレナリアルチーム・オブ・ザ・イヤー」を、すべての階層で賞賛するといった会社の行事を熱心に行ってごらんなさい。おそらくそれぞれのチームはそれぞれ自分の「アントレプレナー・オブ・ザ・イヤー」を選ぶでしょう。

起業家精神に敬意を表し、すべての表彰を行いなさい。楽しいことを想像してごらんなさい。それはあなたのものです。

ＴＱＥはつまるところ楽しいものなのです。みんな楽しんでいます。起業家は自分が楽しいから週に七〇時間とか八〇時間働いているのです。なぜ楽しいかというと、自分たちが成長し、学び、創造し、貢献し、達成しているからです。心のなかで自分は仕事をしているなどと考える起業家はいません。つまり、仕事が楽しみになったらもはや仕事ではなくなります。それこそが、私がお話ししてきたことなのです。もしこの簡単な哲学を受け入れることができるのなら、あなたはＴＱＥの立派な候補者です。

明日の企業の報奨システム

ひとたび起業家が、起業家的なチームは委員会でないという事実を受け入れれば、TQEの次のステップに進むことになりますが、そこでは「誰が仕事を評価するのか?」という問題に対処しなければなりません。つけ加えさせていただきますが、昇進や給与のベースとなるランク、づけについて言っているのではありません。やる気を起こさせる報奨について言っているのです。

まず最初に、すべての従業員は顧客を持っていることが前提になります。その顧客にはニーズがあり、そのニーズを達成するために何らかの任務を果たすことが必要です。そしてその任務は客観的に評価することができます。もし従業員が顧客、あるいは顧客とみなすことのできる社内組織を持っていなければ、彼らは仕事をしていないことになります。仕事をしていない人間に給与を支払う必要があるでしょうか。

このことを心に留めて、組織図を逆さまにひっくり返してみましょう。つまり下層部が上にくる逆三角形になります。図の上にくる下層部というのは、ほとんどの会社の場合、販売員です。彼らの顧客とは誰でしょうか？　会社の製品やサービスを購入してくれる人たちです。ここがすべての収入源です。

さて、組織図を次の段階まで下りてみると、支店のマネージャーがいます。彼らの顧客は誰でしょう？　彼らのために働いてくれる販売員ではありませんか？　次の段階は地域のマネージャーです。彼らの顧客は支店のマネージャーではありませんか？

このように組織図を下りていくと、一番下のあなたにたどり着きます。「顧客は誰ですか？」の質問をつづけましょう。この答えがわかったら、あなたは自分に尋ねることができます。「すべての階層の顧客は、供給者から受けとる製品やサービスを評価する権利を持つべきではないか」と。これについて考えてください。すべての顧客は、プロセスをランクづけしたり評価する作業に加わるべきではありませんか？　そうすべきに決まっています。

次の質問です。誰が仕事をしていて誰が仕事をしていない、ということを組織のなかで一番よく知っている人は誰でしょうか？　たとえば、あなたは、マーケティング担当副社長が、支店内の販売員がいったい何をしているのかを知っているはずだと本当に信じているのですか？

誰が仕事をしていて誰がしていないか最もよく知っているのは、仲間であり同僚であるということに、異論はありませんね。つまりチームが一番よく知っているのです。

もし機会を与えれば、彼らはお互いを評価しあうでしょうか？　そのとおりです。事実ＴＱＥを導入すると、同僚のプレッシャーはどんな上司の脅威よりも一〇倍も大きな威力を発揮するのです。もし私の言うことが信じられないのなら、一〇代の若者がどれほど自分たちの仲間の目を気にするか、尋ねてごらんなさい。

もちろん評価をくだすときは、いつだって上司がいるものです。そして上司の意見が必要なのは当然のことです。しかしほとんどのマネジメント・システムにおいては、上司は評価に時間をかけすぎていますし、上司の仕事は評価だけということすら多々あります。そこでＴＱＥの質問が思い浮かびます。上司は顧客を持っているのでしょうか？

以上のことすべてを心に留めて、最初に戻って質問してみましょう。誰が誰を評価すべきなのでしょうか？　全部で三者です。顧客と同僚と上司。顧客を一人以上持っている場合は、評価する者は三人以上ということになります。しかし一つ確かなことは、ＴＱＥで管理されている企業では上司だけが評価する、ということはありえないということです。

ＴＱＥによる評価プロセスが行われるようになると、最終的な評価にはそれぞれ異なった比重がかけられることが明らかになるでしょう。

たとえば、顧客からの評価は五〇％あるいはそれ以上に値するかもしれません。また場合によっては、チームとしての意見にはもっと信頼性があり、もっと重きが置かれるかもしれません。会社や組織によってそれぞれ異なってくるでしょう。重要なことは、評価のプロセスに起業家らしいアプローチを展開していくことです。

何にもまして、割り当てとか予算といったことをベースにして個人を評価するような考えからは脱しなければなりません。そのような考えは、アメリカ株式会社が間違った神を崇拝してきたがゆえに取り入れてきたシステムで、そのやり方はうまくいきませんでした。

ＴＱＥマネジメントでは、起業家らしい実績水準によって評価されます。利益は当然、チームとしての成果から当然得られる副産物です。ＴＱＥは企業にとって正しいことをすることであり、ウォールストリートやほかの誰かに対する今四半期の約束を果たすため、将来を犠牲にすることではありません。

報奨システムというのは、すべて複雑なものです。しかしＴＱＥは、起業家的ユニットとしてのチーム、つまり報奨を受けとる単位としてチームを創ることでプロセスを単純化していきます。そのチームの成果をどのように分けるかについては、そのチームのメンバーに任されています。それぞれが客観的に、職務として認められています。評価と動機づけのシステムは単純な哲学に基づいています。顧客のニーズに答えるため、チームはいかにうまくその職務を達成したかということです。

チームの成果を表彰する場合には、企業の利益分配の考え方を排除しなければなりません。フランチャイズ化することで、利益分配は下がることもありえます。それぞれのユニットは、実行したプロセス内で発生した経費のみ分担すべきです。それ以外の会社の経費を、コントロール手段を持たない起業家的ユニットに負担させることほど、破壊的で反起業家的な行為はないと思います。

方針によって管理するのではないということをよく覚えておいてください。チームがプロセスを自分のものにし、管理し、絶えず改善していくことができるようにします。それがＴＱＥです。それが起業家精神です。それが明日の企業の姿なのです。

起業家を育てる組織

もう亡くなった方を含めても、私はどのアメリカ人よりも多くの起業家と話をしてきたと確信しています。何度も何度も、あるはずもない成功物語を聞かされてきました。しかしそのような成功は実際にありえたはずですし、またあるべきだったのです。ここに一人の起業家を紹介しましょう。

彼は新しいマネジメントのスタンダードを創り、今までどの起業家も到達できなかったTQEを、初めて完全な形で導入できるであろう人物です。ジョンソン&ジョンソン★で一五年間働いてきたキューバ生まれのアメリカ人で、名前をレオ・フェルナンデスといいます。いつも欲求不満を抱えた一匹狼でしたが、どうにか役員にまでなりました。

しかしその欲求不満も、七年前に起業家の看板を掲げてマドリッド

★ジョンソン&ジョンソン 薬品、外科医用品、トイレタリー紙などのメーカー。

で会社をスタートさせたときに解消されました。

私は、レオが起業家としての各段階、つまり、天才起業家からカリスマへ、そして存在感のない社長からビジョンを持った指導者への各段階の変遷をうまく切り抜け、まったく新しいタイプの指導者になると信じています。第三段階の海賊から農民へという痛みをともなう変身プロセスを経験する代わりに、海賊のまま、何百もの起業家的チームを率いる巨大な多国籍企業を世界中で経営するようになるでしょう。彼は、マネジメント・システムとしてTQEを導入し、明日の企業の新しいタイプの指導者になるでしょう。

レオの会社はテレピザ★といいます。設立後七年たちましたが、すでに一五〇店以上の支店を持つヨーロッパで最大のピザ会社に成長しています。レオのビジネスは、多額の利益を生み出し、鬼のように成長を遂げました。そして競争相手の巨大企業を、まるでおとなしい子羊を料理するかのようにやっつけてきました。テレピザはすでに海外九カ国にも出店していますが、これはまだほんの始まりだと予言しておきましょう。

私とテレピザとの関わりは、レオがマドリッドから私に電話をしてきたときに始まります。そのとき彼は、前に会ったことがあると言い、オーランドで行われたピザ博覧会で私がセミナ

★テレピザ
世界最大クラスのピザ宅配事業者。

ーを開いたときに会ったのだと、話してくれました。

レオはこう言って話を切り出しました。「ハーレルさん、私のことを『頭がおかしい』と呼ばないのは、あなたが初めてだ。初めて私のことを普通だと言ってくれた。あなたをアドバイザーとして雇いたい。というのは、私はある重要な決断をするために、自分と同じ考えの人間と話したいんだ」

その後二回ほど彼と話したあと、私はマドリッド行きの飛行機に乗っていました。一週間マドリッドに滞在し、後日再びマドリッドを訪れました。そのつぎにはレオがアトランタに来てアンダース博士と会い、またその後、レオのスタッフといっしょにTQE会議を行いました。

レオは経営上の決断を迫られていました。莫大な金額で多国籍企業に売却しないかという申し出を受けたのです。彼は引きつづき社長に留まることになっていました。以前、私の会社を四〇〇〇万ドルで買いとるという申し出を受けたときに、自分に尋ねたのと同じ質問をし、その売却を決心するのにあれこれ考える手間を省きました。その質問とは次のようなものです。

「人生で何が本当にしたいのですか?」「楽しいですか?」「誰かに雇われるような状態にまた戻れますか?」「現在持っていない何が手に入るのですか?」「もし売却しなかったら、この会社をどうやっていくのですか?」「今あなたの会社を買いとろうとしている会社を買いとれるくらい、あなたの会社は大きくなれますか？」

レオはもちろんたくさんの質問を返してきました。彼が正しい決断をくだすとわかっていましたから、単に反起業家的な思考を彼の心から取り除こうとしただけです。

しかし実のところ、彼がいったいどうやって、資金もないのにたった五年で、ピザ・ハット、ドミノ、ピザ・ワールド★、そのほかのライバル企業を追い越すことができたのか、知りたくてたまりませんでした。

★ピザハット、ドミノ、ピザ・ワールド　いずれも大手のピザレストランまたはデリバリー会社。

その理由を知るのに長くはかかりませんでした。テレピザの第一号店に入ってみると、そこはまるで昔ながらのジョージア州の家族の再会の場のようでした。打ち解けた雰囲気がありました。興奮が人から人へと移っていくようでした。マドリッドの町を時速一四〇キロでスクーターを走らせる配達の少年でさえ、レオに手を振っていました。

誰もがレオを知っていて、みんなレオが好きでした。その理由がわかりますか？　それは、レオが見知らぬ人ではないからです。彼が多くの時間を働いている人たちといっしょに過ごしていたからです。テレピザの精神がどこにあるか知っていたのです。テレピザの精神は、製品とともに、従業員とともに、顧客とともにあるということを知っていたのです。聞き覚えのあるフレーズだと思いませんか？　その前に、まだつづきがあります。

テレピザの店には、フルタイムの従業員はたった二人しかいません。監督であり、さらにピザの上に一番高価なトッピングであるチーズをのせる役のマネジャーとアシスタント・マネジャー、この二人です。この二人が、注文を丁寧に受け、準備し、ピザを作り、三〇分以内に家庭まで配達できるようにきちんと手はずを整えるのです。そのほかは全員一日の労働時間が平均二時間のパートタイムの人たちです。

さて、質問をしますよ。「一八歳のパートタイムの従業員が、宅配ピザ店で最低賃金で働く以上に知的満足度の低い仕事がほかにありますか？　そのような労働条件で働く人間を管理したり、仕事の意欲を持たせたりすること以上に難しいことがほかにありますか？」

独創的なアイデアを持っている起業家レオに聞いてみましょう。

テレピザの店はすべて地理的なことを考慮して配置されています。それぞれの従業員は、その地域に住んでいる潜在顧客の行動をつかんでいます。注文を受けると、コンピュータはその売上を各従業員、電話オペレーター、コック、配達人の売上として記録していきます。

要するに、あらゆる人間がこの仕事に参加し、利益を得る仕組みになっているのです。まだ説明が足りないでしょうか？　レオがしたように報奨とか、コンテストとか、評価などについてあなたも独創的なことを考えてごらんなさい。

しかしもっと重要なことは、普通は無視され、動機づけは不可能だと思われているこれらのパートタイマーの人たちが突然、起業家になるという点です。彼らが一所懸命にやった仕事は報われ、自由に仕事をすることができるのです。顧客にとってこれは儲けものです。彼ら従業員のことを気にかけてくれる人がおり、なかにはその仕事を求めている人もいるのですから。

テレピザ社にとっては、起業家を育てる場が確立できたので、新しい店とより多くの利益がもたらされることになります。そしてレオにとってはどうでしょう？　起業家だけが知っているうきうきした気分になることができるのです。

今お話したことは、レオがＴＱＥを導入し、起業家的ユニットを創り上げるために行ってきたことの例です。フランチャイズ化するために、オーナーシップを与え、達成した業績には報いて、起業家を育て訓練していくのです。

レオは頭がおかしいですか？　正気ではないですか？　まぬけですか？　おそらくゼネラル・モーターズやそのほかの巨大企業の恐竜の墓場に行けばそう言われるでしょう。しかしテレピザや明日の企業では決してそんなことは言いません。

エピローグ――起業家人生

一九九一年に私は、「アントレプレナー・オブ・ザ・イヤー」の〈生涯業績部門〉の候補に推薦されました。その賞をいただけたら、私は起業家の殿堂に名を連ねることになります。生涯で唯一、大切な賞になるでしょう。このプログラムの歴史を通して、今までに生涯業績部門で選ばれたのは、フード・ライオン★の創立者であるラルフ・キートナーただ一人だけであると知ったとき、誇りと謙遜の念で圧倒されんばかりでした。

「アントレプレナー・オブ・ザ・イヤー」を祝うディナー・パーティは、ブラック・タイ着用で四〇〇〇人もの出席者が集まり、私はそこで賞を受けとることになっていました。その二、三日前にプログラム・ディレクターから電話を受け、仲間の起業家に刺激を与えるような五分間の受賞スピーチを頼まれました。私のことを知っている人は誰でも、私が五分間で「こんにちは」さえも言えないということを知っています。ほかの受賞者やその

★フードライオン
アメリカの大手小売企業。スーパーマーケットを運営。

家族やゲストの前で何を言ったらいいかと、日夜頭を悩ませました。妻のシャーレーンといっしょに会場に着いたとき、まだ何を話したらいいのか悩んでいました。頭のなかは空っぽでした。

食事のとき、ＩＢＭの役員をしている友人が「ウィルソン、苦労したかいはあったかい？」と尋ねてきました。私は自問しました。なんと深遠な質問でしょう！　苦労したかいはあったか？　イエスというだけでは不充分です。

その理由を、たとえばこんなふうに説明しようとしました。起業家の戦いに勝利したうきうきした気分というのは、仕事の過程で出くわしたさまざまな犠牲が完全に報われた気分だとか、自由というのは、見損ねた野球の試合や学芸会と引き替えに手に入れたものだとか、自分自身でいられるのは、夕食の約束をキャンセルしたり、休暇の延期に対する相応な報酬だとか、失敗でさえいい経験になったとか、いろいろ説明しようとしました。しかし、どんな説明をしても彼の質問に本当の意味で答えることになっていないと感じていました。

そのとき、パーティ会場に来る途中の車で、妻のシャーレーンがフランク・シナトラの「マイ・ウェイ」をかけていたのを思い出しました。国歌にしてもいいと思うくらい私が気に入っている曲です。突然私は友人の質問に対する答えを見つけました。そこに出席しているすべての起業家たちに言いたいこともわかりました。

表彰される番が来たとき、みんなが総立ちで拍手喝采してくれました。その瞬間のことをずっとずっと忘れません。シャーレーンを抱きしめ、演壇まで歩きながら、言葉では言い表せないほどの感慨深い思いにおそわれました。

私は、何か意味のあることを言おうと考えるときに感じるジレンマのことを話しました。つづいて、「苦労したかいはあったか?」と友人に質問されたことを話しました。もう答えはわかっていました。私は、シナトラの歌のなかで最も愛されているヒット曲である「マイ・ウェイ」の歌詞を、私の答えとして出席している起業家たちに披露しました。

私は愛し、笑い、そして泣いた
私はうんざりするほど失敗を重ねてきた
だがもう涙は乾き
すべてが楽しいことだったと思えてきた
あらゆることを経験したと考えるんだ
こんなふうに言ってもいいだろうか

物怖じすることなく
私は私のやり方で歩んできたと

このときの締めくくりの言葉で、この本を締めくくりたいと思います。

「みなさん一人一人に神の恵みがありますように」

訳者あとがき

このたび、『起業家の本質』が、前回の発売から一〇年のときを経て再度発売されたことに、喜びを隠せません！　当時、私は原書の『For Entrepreneurs Only』を米国から通販で入手し、通読しました。そのときの興奮が蘇ってきます。

今回改めて発売となったのは、世情が「起業家の本質」を明らかにすることを求めたからであろうと私は推察しています。

さて、「起業家の本質」とは何なのでしょうか？

本書によれば、「何か根源的、なかば無意識の欲求、つまり、この世界に自分の印を記したい、自分の足跡を時の砂の上に残したい、という欲求」（パート1）を満たすために起業し、「人に抜きんでる自由。自分自身でいられる自由。アイデアを思いつき、そのアイデアを事業に変え、可能ならば、その事業を帝国へと変える自由」（パート1）が起業家をつき動かすのだと、著者は述べています。

また、私はこれまで多くの起業家の方々に「起業家の本質」とは何かという質問をぶつけてきました。

ある起業家いわく、

「正月に、零下何十度の吹雪のなか、雪山を登る登山家が必ずいる。最も過酷な状況に自らの意思で身を置くその登山家に、起業家は似ている。一方、一般の人は、温かい部屋でミカンでも食べながら、テレビ画面に映る雪山登山の様子を眺め、なんでこの人たちは、正月に雪山を登るんだろうと不思議に思っている」

このたとえ話にこそ「起業家の本質」を知るカギがある、とおっしゃいました。

また別の起業家は、こう述べました。

「起業家というのは、ゼロから何かを創り上げていくということ、つまり自ら望んで火のなかに飛び込んでいくことをよしと思う人たちのこと。人がやらないことを自分がやることに意義があると思っている節があるのでしょう。そういう人たちを、神様は一定数、この世に振りまいたように思います。あるアメリカ人の学者は私に言いました。そういう人たちは世界全体の〇・三〜〇・五％に過ぎないと。わずかな確率の人たちが、他人がやらないことを命をかけてでもやりたいと思う価値観を保持している。そのような人たちが、さまざまな未開の分野を切り拓いて、歴史を創ってきたのでしょう」

最後に、戦国時代を一変させた希代の起業家、織田信長をルイス・フロイス（当時来日した宣教師）が評した文章★を引用します。

★ルイス・フロイス『日本史――キリシタン伝来のころ』平凡社、一九六三年

「信長殿が天下を統治しはじめたときは、おそらく三七歳くらいだっただろう。その声は甚だ快く響き、極度に戦を好む。つねに軍事教練にいそしみ、名誉心に富んで、正義については非常に厳格だ」

「自分のあらゆる指示に対し非常に良心的で、対談のときに遅刻することや、だらだらした前置きを嫌い、ごく身分の低い者とも親しく話をする」

このような「起業家の本質」を備えた勇気あるリーダーこそが、これからの日本の未来を切り拓いていくのでしょう。

板庇明

著者 ——— **ウィルソン・ハーレル**（Wilson Harrell）

アメリカの有力ビジネス誌『Inc.』の元発行人。急成長企業のCEOの全米組織である「成長企業協議会」の創立者であり名誉議長でもあった。全米で最も優れた起業家を表彰する「アントレプレナー・オブ・ザ・イヤー」の生涯業績部門賞を1992年に受賞し、「起業家の殿堂」に加わる。140ドルを元手に会社を設立し、クラフト、ナビスコ、グッドイヤーなどの販売代理店として、世界的な規模にまで成長を遂げる。またIBMやAT&Tのコンサルタントとして、企業へのマーケティング戦略立案などに携わった。

解説 ——— **西川潔**（Kiyoshi Nishikawa）

株式会社ネットエイジグループ 創業者／代表取締役社長。KDD（現KDDI）勤務を経て、アーサー・D・リトルの米国本社勤務時に起業を志す。帰国後、世界最大のインターネット企業、アメリカ・オンラインの日本法人の創立に参加。その経験・人脈を生かし、1998年2月、ネットビジネスインキュベーターという、日本初の業態をもってネットエイジを創業。2004年、純粋持ち株会社「ネットエイジグループ」に改組し、100%子会社2社と、その傘下の約20社のポートフォリオを持つグループを率い、代表取締役社長を務める。「渋谷ビットバレー構想」などに代表される起業家経済の活性化をテーマとした、講演・執筆多数。デジタルハリウッド大学大学院客員教授。世界的な起業家組織であるYEO／WEO会員。 東京大学卒。

訳者 ——— **板庇明**（Akeru Itabisashi）

ビジョナリー・エクスプレス株式会社 代表取締役。1968年京都生まれ。84年、AFSの交換留学により、高校生としては日本で初めてスリランカへ留学。92年、日商岩井（現双日）に入社し、貴金属のディーリングに従事。94年、退社後、スリランカとの貿易事業で起業。95年、子ども～社会人を対象とした起業教育プログラムを英国より導入。日本における起業教育のパイオニアとして、株式会社シー・イー・エスを設立。05年、ビジョナリー・エクスプレス株式会社に社名変更。社会起業家フォーラム パートナー、ベンチャー協議会会員。趣味はバスケットボール、仕事など。著書に『起業家マインドの秘密』（オーエス出版）がある。早稲田大学卒。
メールアドレス：kids@v-express.co.jp

英治出版からのお知らせ

弊社のホームページでは、無料で「バーチャル立ち読みサービス(http://www.eijipress.co.jp/)」をご提供しています。ここでは、弊社の既刊本を、紙の本のイメージそのままで「公開」しています。ぜひ一度、アクセスしてみてください。

本書に対する「ご意見、ご感想」などをeメールで受けつけています(editor@eijipress.co.jp)。お送りいただいた方には、弊社の「新刊案内メール(無料)」を定期的にお送りします。

たくさんのメールを、お待ちしております。

起業家の本質

発行日　2006年8月 7 日　第1版　第1刷　発行
　　　　2006年8月29日　第1版　第2刷　発行
著　者　ウィルソン・ハーレル
訳　者　板庇明(いたびさし・あける)
解　説　西川潔(にしかわ・きよし)
発行人　原田英治
発　行　英治出版株式会社
　　　　〒150-0022　東京都渋谷区恵比寿南1-9-12　ピトレスクビル4F
　　　　電話：03-5773-0193　FAX：03-5773-0194
　　　　URL：http://www.eijipress.co.jp/
印　刷　中央精版印刷株式会社
装　丁　重原隆
出版プロデューサー　秋元麻希
スタッフ　原田涼子／鬼頭穰／高野達成／大西美穂
　　　　　秋山仁奈子／古屋征紀／真仁田有祐美／森萌子／池松真理子

ISBN4-901234-92-7　C0034
